D0319291

UNION GÉNÉRALE D'ÉDITIONS
8, rue Garancière - PARIS VIᵉ

LE BRASIER
DES ANCÊTRES

POÈMES POPULAIRES
DE LA BRETAGNE
Édition bilingue

Volume I

PAR

Jean-Pierre FOUCHER
et Loeiz AR FLOC'H

10|18

PRÉFACE

Les Bretons ont reçu privilège d'un héritage si prodigieux qu'ils peuvent à peine en concevoir la richesse, l'originalité et l'infinie variété : celui d'une magnifique poésie, expression profonde de l'âme d'un peuple, invention des compositeurs et des chanteurs errants qui, de pays en pays, en répandirent les musiques et les paroles. Ce livre n'a d'autre ambition que de présenter l'essentiel de cet héritage poétique au fil des siècles.

Au Moyen Âge, les harpeurs de Bretagne ont joué un rôle si prépondérant qu'ils ont gouverné l'orientation des littératures européennes. Aux âges qui suivirent, les bardes, clercs ou paysans, inventèrent toute une littérature de chants ou ballades devenus traditionnels qui furent oralement transmis jusqu'au siècle dernier et même parfois jusqu'à notre temps.

A l'époque où, dans toute l'Europe, des chercheurs passionnés collectaient les chants et les poèmes populaires, Hersart de la Villemarqué, breton parcourant son pays et en pratiquant la langue, recueillait les chants dont il allait composer le *BARZAZ-BREIZ*. François Luzel, poursuivant une longue enquête, publiait les volumes des *SONIOU BREIZ-IZEL* et des *GWERZIOU BREIZ-IZEL*.

C'était il y a un siècle et davantage. La mémoire des gens du peuple devait demeurer fidèle longtemps encore. Par bonheur n'ont pas manqué les émules des premiers chercheurs, tant en Haute-Bretagne qu'en Basse-Bretagne. La collection recueillie forme un ensemble aussi imposant qu'émouvant.

7

S'il est vrai, comme le disait un maître, que « la discrétion et le choix sont le secret de l'agrément en littérature », nous n'avons hésité à choisir avec discrétion parmi les chants du *BARZAZ-BREIZ,* parmi les *soniou,* les *gwerziou* et d'autres pièces parfois populaires, d'autres fois presque inconnues sinon absolument inédites. Les chants de la « légende des siècles » de la Bretagne se composent ici avec ceux des travaux, des plaisirs et des jours. L'ouvrage comprend ainsi : les chants mythologiques, héroïques et historiques, les ballades dramatiques, les poèmes religieux, les enfantines, les chants de sentiment, les chants satiriques, les chants de métiers et les chants des fêtes.

Nous publions ce choix dans la présentation bilingue qui s'imposait. Le texte breton de ces chants de toutes époques et divers pays de Bretagne a été, pour la première fois, entièrement revu et établi dans une correction parfaite par Loeiz Ar Floc'h. J'ai composé les traductions de tous ces textes en essayant de transposer en français leur vertu poétique, sans jamais négliger les efforts accomplis en ce sens par d'illustres devanciers.

Quelques notices concernant certaines pièces ont été partiellement empruntées au *BARZAZ-BREIZ* ou spécialement composées pour mieux avertir le lecteur.

Autour de ses hautes flammes rituelles, le *BRASIER DES ANCÊTRES* rassemblera les Bretons de grand cœur et tous les fervents de la Bretagne. Qu'il flamboie haut et clair, appelant à lui jusque très au loin du pays, brasier des temps futurs comme des temps anciens !

Jean-Pierre FOUCHER.

INTRODUCTION

LA LANGUE ET LA LITTÉRATURE BRETONNE

Armorique et Bretagne armoricaine

Quand César écrit ses *Commentaires sur la Guerre des Gaules,* la Bretagne continentale n'existe pas encore : la péninsule qui à l'Ouest termine les Gaules s'appelle l'Armorique. Elle aussi est peuplée de Gaulois, qui forment, il est vrai, une petite fédération à part.

Dans quelle mesure ces populations étaient-elles homogènes et vraiment celtiques, il nous est impossible de le savoir. Quoi qu'il en soit, elles avaient recouvert des éléments différents, dont la densité dut être assez forte, tout au moins dans l'Armorique du sud, sur l'Atlantique, au moment où ont été élevés les monuments mégalithiques des alignements de Carnac, qui supposent des tribus nombreuses et organisées.

La conquête romaine une fois accomplie, doit-on penser que l'Armorique perdit sa langue pour passer à l'usage du latin? Les établissements romains furent-ils nombreux, surtout dans le centre du pays? Jusqu'ici, d'après les découvertes archéologiques, on ne le croit pas. On peut donc penser légitimement à une rémanence de la langue gauloise, plus ou moins pure, dans le peuple de certaines régions armoricaines.

Cependant, c'est du Ve au VIIe siècle de notre ère que la Bretagne continentale va se constituer par l'arrivée de populations celtes venant des Iles Britanniques : elles fuient l'invasion saxone et ses destructions, elles cherchent un autre territoire où s'établir en paix. Certaines tribus n'iront-elles pas se réfugier dans le promontoire nord-ouest de la péninsule ibérique pour y fonder la Galice?

Ce qui est certain, c'est que cette émigration bretonne a tout submergé : ou bien parce que la population armoricaine était peu dense, disséminée, et à ce moment-là inorganisée; ou bien parce que les nouveaux venus montraient une détermination invincible et profitaient d'une force numérique qui leur permettait de s'imposer.

Certains historiens et certains linguistes, dans le passé et même dans le présent, ont prétendu que la langue bretonne était le résultat d'une fusion entre le Gaulois armoricain plus ou moins bien conservé et la langue des émigrants bretons, sans compter les termes et tournures empruntés au latin.

De fait, dans le vocabulaire, on peut déterminer avec certitude quelques rémanences du gaulois. Mais il faut tenir compte encore plus des faits suivants : le breton ancien, dans son vocabulaire, ses tournures, sa construction grammaticale, apparaît extrêmement voisin du celtique des Iles Britanniques (Pays de Galles et Cornouaille anglaise), si bien qu'il faut, lisant les manuscrits, y regarder de très près pour savoir si nous avons affaire à des gloses bretonnes, ou galloises, ou corniques. Ceci est corroboré par de nombreux témoignages anciens qui notent que la langue parlée en Bretagne armoricaine et d'autre part en Bretagne insulaire est encore essentiellement la même au Xe siècle et même plus tard : les relations intellectuelles persistent, et les gens cultivés se comprennent d'une région à l'autre des deux côtés de ce que nous appelons la « Mer bretonne ».

I. LA LANGUE BRETONNE

La langue bretonne est une langue celtique. Elle appartient au groupe dit britonique qui comprend également le cornique (Cornouaille anglaise) aujourd'hui disparu, et le gallois (Pays de Galles). Ce groupe se différencie d'un autre groupe dit gaëlique, constitué par l'irlandais, l'écossais et le dialecte de l'Ile de Man. Les caractéristiques qui séparent ces deux groupes sont assez considérables : on ne passe pas facilement du breton à l'irlandais. Au contraire un bretonnant éduqué n'aura pas de grandes difficultés à se mettre au gallois : une bonne partie du vocabulaire courant est semblable, et la grammaire elle-même présente des parallèles incontestables. Pour un gallois ce sera encore plus facile de parler breton de façon parfaite.

L'histoire de la langue bretonne présente trois périodes :

1. *Le vieux-breton,* du Vᵉ au XIᵉ siècle. Les déclinaisons du celtique ancien ont disparu, mais la phonétique est encore archaïque. Nous ne possédons pas de textes longs de cette période, mais surtout des gloses, dont une bonne partie est présentée dans le *Dictionnaire des Gloses en vieux-breton* de Léon Fleuriot (Paris, C. Klincksieck, 1964).

2. *Le breton moyen,* XIᵉ siècle-XVIIᵉ siècle. La destruction de l'ancien royaume breton par les invasions normandes au Xᵉ siècle va créer une situation linguistique nouvelle. La classe dirigeante (ducs et nobles) qui s'attache à reconquérir le pays, s'est romanisée. Le breton ne sera plus la langue officielle, ni la langue intellectuelle. Il va vivre dans une société paysanne dont il continuera d'être l'expression.
Pendant cette période nous constatons les phénomènes linguistiques suivants : l'expression devient plus analytique, moins condensée. La langue a déjà tendance à se fragmenter en dialectes; l'accent se déplace (sauf dans le Vannetais) de la syllabe finale sur la pénultième ou même l'antépénultième. Le vocabulaire se transforme; certains mots du breton ancien disparaissent, ou ne subsistent que très localement; en retour se produit une invasion de mots d'origine romane empruntés au parler de l'Ouest de la France. Ces mots d'ailleurs ne sont pas nécessairement latins, ils peuvent parfois tirer leur origine du gaulois,

11

présenter par là-même des racines celtiques, si bien que leur repérage est difficile. Mais en fait, nous ne savons pas dans quelle mesure l'invasion de ces mots « romans » n'était pas déjà un fait acquis de la langue populaire dès l'époque du vieux-breton.

3. *Le breton moderne*. C'est de nouveau un choc historique qui va déterminer la troisième période du breton. Le Traité d'Union de la Bretagne à la France en 1532 va supprimer l'indépendance du Duché; bien qu'il conserve une certaine autonomie, il verra de plus en plus ses classes dirigeantes se franciser de langue et d'esprit. Il faut marquer aussi le choc causé par le Protestantisme : bien que celui-ci ne pénètre guère dans la conscience populaire bretonne, il provoque cependant par réaction, une mentalité tragique et curieusement apocalyptique; les troubles très graves des Guerres de la Ligue avec l'échec politique du duc de Mercœur dans une Bretagne rêvant toujours de retrouver sa vie propre dans l'indépendance, y sont certes pour beaucoup; avec, en retour, le poids de la centralisation française et des impôts du roi toujours plus pressants.

La langue bretonne du XVIIe siècle est moins différente du breton d'aujourd'hui que la langue de Louis XIV du français contemporain.

La langue ne bouge pas substantiellement pendant le XVIIIe siècle. On doit cependant noter une certaine dégradation due à l'influence du français, au fait que la langue n'est pas enseignée ni très cultivée et que ceux qui l'écrivent sont influencés par leur formation étrangère.

Mais de nouveau la Révolution française va faire que la Bretagne se replie sur elle-même. Des idées nouvelles sur les peuples et les langues sont apparues qui produiront au cours du XIXe siècle une véritable renaissance intellectuelle et linguistique. Les travaux du grammairien Le Gonidec arrivent à point pour redonner les bases d'une langue écrite; les chants populaires publiés par la Villemarqué sous le nom de *Barzaz Breiz* auront une influence profonde par leur souffle patriotique. Les ouvrages publiés dans la deuxième moitié du XIXe siècle forment une bibliothèque considérable; ils ne manquent pas de valeur; le purisme linguistique (élimination des mots français ou jugés tels) se remarque en réaction contre le négligé de la langue parlée. Il est vrai que l'inspiration fait quelquefois défaut, et c'est le règne d'un Romantisme qui nous semble aujourd'hui bien vieilli. Mais surtout les écrivains n'ont guère de lecteurs en dehors de la classe paysanne dont les besoins intellectuels ne sont pas très étendus.

4. *La langue contemporaine.* Sans doute les historiens du breton marqueront avec le début du XXᵉ siècle une nouvelle période de la langue. Il est encore trop tôt pour le dire de façon certaine, mais nous semblons entrer de nouveau dans une évolution rapide du breton. Celle-ci est déterminée par les faits suivants :

Le breton perd pied dans la partie de la population qui jusqu'ici s'en servait comme moyen d'expression et de pensée, la classe paysanne. L'école française a pénétré jusque dans le plus lointain hameau, imposant aux enfants l'usage du français et essayant d'inculquer le mépris de la langue bretonne; inutile de cacher que cette propagande a porté ses fruits et détruit profondément l'assise sociale ancienne; la société rurale est en pleine mutation à tous les points de vue; elle a du mal à retrouver un équilibre. Le breton n'étant pas enseigné à l'école, même les bretonnants qui le parlent sont incapables de l'écrire, de raisonner sa grammaire et d'en voir la contexture profonde.

Mais, en sens inverse, ce sont les intellectuels qui se tournent vers le breton et en deviennent les défenseurs décidés. La langue bretonne leur apparaît comme un admirable instrument d'expression pour la pensée tant poétique que philosophique, ou même scientifique. Le nombre de professeurs entrés dans ce qu'on appelle le Mouvement Breton est considérable. Mais en même temps, ces intellectuels, pour répondre à leurs besoins, éprouvent la nécessité de faire de la langue bretonne un instrument adapté aux conditions modernes de la pensée. D'un côté, ils sont tentés de simplifier la grammaire, de laisser tomber des complications jugées inutiles et non significatives; d'un autre côté, ils recherchent un vocabulaire toujours plus riche, en faisant appel au breton ancien et même en empruntant au gallois les termes savants dont ils ont besoin.

Tout ceci s'est accompagné d'un mouvement politique, devenu partiellement séparatiste à partir de 1911. Jusque-là les plus audacieux parlaient de retrouver l'autonomie administrative dans le cadre de l'État français; mais les idées ne pouvaient en rester là; beaucoup comprirent dès l'avant-guerre 1914 qu'il fallait jouer le tout ou bien accepter de ne rien avoir. Après la guerre de 1914 se constitue « Breiz Atao » (Bretagne toujours) avec les mêmes affirmations séparatistes. Malgré la faiblesse du nombre des adhérents, leurs hésitations, nous sommes déjà dans une évolution interne de première importance. Avant tout intellectuelle, elle est une véritable révolution culturelle, une nouvelle façon de voir le monde à partir de la Bretagne. Désormais les frontières ne sont plus celles de l'État français; elles sont de nouveau celles du Duché ancien et celles du monde. Car ces séparatistes qui veulent être eux-mêmes se veulent européens et citoyens de l'Univers.

II. LA LITTÉRATURE BRETONNE

La littérature du moyen-breton

Pour cette période nous ne pouvons juger que par ce qui nous est parvenu : beaucoup d'œuvres se sont perdues; d'autres ne sont connues que par des fragments. Malgré tout, les œuvres littéraires de cette époque sont d'importance : des poèmes comme *Buhez Mab-den* (La vie de l'homme), le long poème du *Miroir de la Mort;* des pièces de théâtre en vers comme le *Mystère de Sainte Barbe,* le *Grand Mystère de Jésus.* Le système prosodique employé doit remonter au vieux-breton car il nous montre des procédés de rimes internes et finales selon un assemblage assez compliqué, que nous retrouvons dans la poésie du Pays de Galles, système basé sur l'allitération si chère aux Celtes. Les écrits en prose ne manquent pas : signalons surtout le *Doctrinal ar Gristenien,* sorte de catéchisme pour adultes, mélangé de cantiques anciens. Dès cette période, et avant la langue française, le breton connaît son premier dictionnaire trilingue (breton, latin, français) sous le nom de *Catholicon;* une réédition de l'ouvrage est de nos jours en chantier.

La littérature populaire

Il est curieux de voir que toute cette littérature du moyen-breton dont nous venons de parler n'est pas signée. Il en est de même pour beaucoup d'œuvres des XVIIᵉ et XVIIIᵉ siècle. A part l'une des meilleures d'entre elles, le poème burlesque de Le Lay intitulé *Mikael Morin*, plein de verve et de drôlerie.

Nous sommes dans l'âge d'or de la littérature orale bretonne; celle-ci se transmet par l'écoute. On chante pendant les travaux des champs ou de la maison, surtout le soir en famille au coin du feu; on redit les vieux contes...

Puisque cet ouvrage que nous publions est consacré à la chanson populaire bretonne, nous nous devons de nous étendre un peu à son sujet. En Bretagne comme ailleurs personne ne prête attention à cette littérature orale jusqu'au début du XIXᵉ siècle. Tout commença par un grand coup de tonnerre avec la publication en 1839 du premier *Barzaz Breiz*. L'ouvrage fut accueilli par des acclamations dans l'Europe entière. Il devait connaître de nombreuses éditions, et deux états postérieurs, avec des ajouts substantiels. Que faut-il penser aujourd'hui des critiques qui furent faites à l'auteur, surtout à partir de 1867? On prétendit que celui-ci, au moment de la parution du premier *Barzaz,* ne savait pas le breton, et en même temps on l'accusait d'avoir fabriqué un certain nombre des chants qu'il présentait! Tout cela manquait de sérénité. Seule la publication des carnets de collecte laissés par la Villemarqué et que Donatien Laurent vient d'étudier de près donnera une idée juste de ce qui revient à la tradition populaire et au travail de l'éditeur. Il apparaît déjà clairement que les critiques faites contre le *Barzaz* sont largement exagérées : le folklore breton était très riche et très varié au moment des premières recherches de la Villemarqué, et celui-ci a eu la chance de prospecter certains milieux sociaux, tel celui des sabotiers, charbonniers, que d'autres ont ensuite négligé. Il est exact que l'éditeur a purifié les textes, qu'il a amalgamé des versions diverses, qu'il a volontairement vieilli la langue. Mais le nombre des pièces composées à l'époque de la Villemarqué lui-même (pas nécessairement par lui) semble bien réduit... J'estime, pour mon compte, que c'est là une fausse querelle. Qu'est-ce qu'un chant populaire? Une pièce connue du peuple et qui se transmet de génération en génération. Sans doute. Mais sa composition est-elle l'œuvre indistincte du peuple, ou bien plutôt le travail d'un lettré ou d'un rimailleur de village, qui ne signe pas toujours, mais qui, parfois aussi, dit son nom. Il est bien certain que c'est cette dernière position qui est la vraie. Alors pourquoi en vouloir tellement à la Villemarqué si, de son temps encore, un tel ou un tel lui a fourni quelque chant imité des compositions anciennes?

N'importe! Le mouvement était lancé. Luzel collectera deux volumes de *Gwerziou* (chants épiques), et deux volumes de *Soniou* (chansons), le premier de ces volumes paraissait il y a cent ans.

Auparavant, entre les années 1850-52, s'était constituée une autre collection importante, celle de M. de Penguern, qui devait mourir en 1856, juge au tribunal de Fougères. En plus de ce qu'il transcrivit personnellement il devait profiter des recherches de Mme de Saint-Prix, et d'autres aides, comme Kerambrun, lequel a du glisser dans la collecte deux ou trois morceaux de son cru, fort bien venus d'ailleurs. Le tout représente dans les trois cents pièces différentes. Penguern mourut sans pouvoir publier; et tout faillit être dispersé. Finalement la Bibliothèque Nationale hérita de l'ensemble de la collection. Elle s'y trouve toujours, inédite, sauf les deux premiers cahiers, et des pièces de-ci de-là. Nous en avons tiré, pour notre ouvrage, quelques morceaux particulièrement remarquables.

Ce n'est évidemment pas tout. De nombreux recueils, souvent avec la musique, ont été édités et continuent de l'être, sans oublier les collections particulières...

Toutes ces pièces étaient chantées sur des mélodies souvent très anciennes, basées sur un système modal de

16

12 modes fondamentaux, sans compter les modes altérés par dièzes ou bémols, musique douée d'une rythmique originale, non classique, avec des mesures en 5/4, 7/4, ou des combinaisons plus compliquées.

Les chants populaires bretons se classent, comme l'a bien vu Luzel, en deux genres très différents : les *gwerzioù,* les chants épiques, tragiques, religieux, c'est-à-dire ceux qui ont une certaine tenue, une profondeur; ils sont composés par épisodes à la façon d'une représentation théâtrale, et sur ce point on peut les rapprocher des « No » japonais; ils relatent des faits qui au départ ont été réels, mais souvent les noms, les circonstances se sont déformés, et ne sont plus qu'une occasion pour une composition bien campée. La deuxième catégorie, les *sonioù,* les chansons, sont des pièces plus légères, sentimentales, satiriques, chansons de métier; au contraire des *gwerzioù* qui sont bien typiquement bretonnes par leur caractère tragique et leur interiorité les *sonioù* sont à rapprocher du folklore de la chanson européenne; ce sont des thèmes connus, peut-être des adaptations ou de simples traductions. Nous avons tâché dans notre ouvrage de retenir les plus intéressantes, celles où le génie et la sensibilité bretonne semblent mieux apparaître.

La littérature populaire ne se borne pas à la chanson. Le domaine du conte breton est immense. Les recueils publiés au cours du siècle dernier ne manquent pas, à commencer par ceux de Luzel, de Milin, Jézégou, Krog, Heneu... sans compter les ouvrages en français comme la *Légende de la Mort* d'Anatole le Braz. Mais il reste énormément d'inédits en manuscrits. Il n'existe pas en Bretagne d'Institut de Folklore, ni une section quelconque de Floklore dans une université, ni une revue disposant de fonds pour éditer autrement qu'avec des ressources minimes et la charité des lecteurs. Misère de la culture populaire dans la richesse du pouvoir centralisé !

Le théâtre

Le théâtre a toujours été très populaire en Bretagne. Comme nous l'avons déjà signalé, la moitié de la littérature du moyen-breton c'est du théâtre. Le Mystère moyen-âgeux continuera chez nous jusqu'à la fin du XIXe siècle, malgré les interdictions royales. C'était souvent un théâtre chanté sur des récitatifs simples, une sorte de mélopée dont j'ai encore entendu des échos.

Les manuscrits non édités des XVIIe et XVIIIe siècles sont nombreux : il en existe un bon lot à la Bibliothèque Nationale de Paris, d'autres ici ou là jusque dans les collections particulières. Pièces anonymes, mais parfois bien venues. Ce théâtre est meilleur que ce qu'Anatole le Braz en a dit : (mais les mauvaises langues prétendent qu'il a composé sa thèse sur le théâtre breton sans avoir lu les documents !).

Hier comme aujourd'hui, c'étaient des troupes d'amateurs qui interprétaient ces textes ou tragiques ou comiques. Nous jouons actuellement très peu de théâtre, bien que paradoxalement nous continuions d'en écrire. Certaines des œuvres maîtresses de notre littérature contemporaine sont des pièces de théâtre, comme le *Gurvan* de Tanguy Malmanche, au lyrisme surréaliste, ou encore *Noménoé-oé* de Jakez Riou, espèce de farce poétique d'un genre très particulier où s'allient patriotisme épique et humour noir.

Aujourd'hui, nous évoluons vers des pièces courtes, bien charpentées, faciles à monter. Ce serait excellent pour la Radio, s'il y avait une Radio bretonne.

Romans et nouvelles

Le roman n'apparait dans notre littérature que tardivement au cours du XIXe siècle, et d'abord sous forme de roman feuilleton dans les journaux et revues. On y sent l'influence du roman français d'allure édifiante. Sans doute faudrait-il s'astreindre à relire toute cette production pour y découvrir des peintures de mœurs aujourd'hui disparues.

La fin du XIXe siècle et le XXe devaient nous donner dans le genre roman des œuvres de qualité. Comme roman pour enfant le *Bilzig* de Le Lay est déjà excellent.

Mais le roman breton devait être profondément renouvelé par Roparz Hémon et son école. Né en 1900 à Brest,

Roparz Hémon vient d'être nommé jeune professeur d'anglais au Lycée de Brest, lorsqu'il publie en mars 1925 le premier numéro de la revue *Gwalarn (Nord-ouest)*. La première équipe de ses collaborateurs est peu nombreuse : Youen Drezen, Abeozen, François Vallée, Jakez Riou et quelques autres. Peu nombreux les abonnés. Si l'équipe des écrivains se renforce avec les années, celle des abonnés grossit lentement, très lentement; le travail sera bien ingrat jusqu'aux années 1940 et suivantes. Enfin l'atmosphère commença à se détendre. Lorsque de nouveau, avec la libération, ce fut le Purgatoire, l'exil pour beaucoup et pour R. Hémon lui-même, la répression contre toute idée bretonne, la mort de certains patriotes dans les camps français.

Et cependant au milieu de tout cela, le miracle se produisait, des jeunes se levaient, Gwalarn était obligée de disparaître, mais le mouvement littéraire reprenait, d'abord de façon gauche et dispersée, puis structurée et forte, sous la direction de Ronan Huon et de la revue *Al Liamm* (Le Lien), qui tire aujourd'hui à plus de 1 000 exemplaires. C'est autour de ces deux revues que s'est créé le roman breton.

Youen Drezen dans *Itron Varia Garmez (Notre-Dame des Carmes)* nous donne une peinture de mœurs de son pays Bigouden (Pont-l'Abbé), Langleiz dans *Enez ar Rod* (l'Ile de la Roue) laisse son imagination prédire un avenir scientifique aliénant. Roparz Hémon, de son côté, cultive tous les genres, le roman policier, le roman poétique *(Mari Morgan)*, le roman pour enfants *Alanig an tri Roue (Alain aux trois rois)* est une très belle chose. Il est impossible de tout citer, remarquons cependant une tendance d'ensemble : le roman historique n'attire pas, le roman descriptif non plus, le roman sentimental très peu, le roman d'imagination, surréaliste, fantastique, oui.

Sommes-nous cependant des écrivains de romans? Nous préférons la nouvelle. Et ici nous excellons. Chaque numéro de *Al Liamm* présente une nouvelle ou deux. Il en est de parfaites. Roparz Hémon en a écrit plusieurs volumes. Et tous les lettrés bretonnants connaissent le recueil de Jakez Riou, *Geotenn ar Werc'hez (L'herbe de la Vierge)*.

La nouvelle peut-être proche du conte. Au début du siècle, la veine du conte populaire a été utilisée avec bonheur par plusieurs auteurs, comme Dir-na-dor dans son *Pipi Gonto (Pierre aux Contes)*. Elle l'est moins maintenant, en attendant qu'un jour quelqu'un de nouveau ne retrouve le filon délaissé

Poésie

L'influence du français à partir du XVIIe siècle devait faire oublier le système des rimes internes du Moyen-Breton : elle imposait la rime finale au bout d'un octosyllabe ou d'un alexandrin. Mais le tempérament breton reprend souvent le dessus, avec des vers de 9, 13, 15 syllabes, comme cela se présente dans certaines pièces que nous publions ici.

Gwalarn devait profondément modifier la poésie bretonne contemporaine dans son inspiration et dans sa forme. On ne se sentait plus prisonnier d'une formule quelconque; les recherches les plus diverses furent entreprises, vers basés sur l'accent, vers libres, assonances par consonnes, par voyelles. Peu importe. Ce qui doit prédominer dans l'esprit du poète, c'est la structure; il faut charpenter par l'intérieur, savoir donner des proportions internes dans le jeu des images et des mots. Savoir créer des formes non pas matérielles, mais mentales. C'est tout un art nouveau qui apparait.

La poésie bretonne contemporaine va du poème court de deux ou trois vers, au poème long, très long de vingt, trente pages. Les thèmes sont élevés et prennent volontiers un caractère d'universalité : le sens de la vie, la signification du monde. *Imram* de Maodez Glanndour est le périple de la vie humaine à la recherche de certitudes et de raisons de vivre. *Nozvezh Arkuz* de Youen Drezen célèbre la mort de son ami Jakez Riou dans une peinture de son pays où le vent souffle le sens du combat pour la Bretagne. Roparz

Hémon revient sous des formes diverses au thème de l'artiste qui lutte seul et incompris, aiguillonné par une nécessité intérieure qui le dépasse...

La tendance générale de la langue bretonne

Il est évident que chacun aime sa langue et lui reconnaît des qualités que les autres n'ont pas : et, de fait, pour chaque peuple, c'est sa langue qui est son meilleur moyen d'expression, puisque c'est son génie qui l'a fabriquée.

Mais en plus, il est incontestable que le breton a des qualités logiques et ontologiques peu communes. Les diverses formes du verbe être, formes d'habitude, de situation, forme intensive, forme faible, se prêtent aux diverses nuances de la pensée et de l'existence avec beaucoup de souplesse. Notre syntaxe, proche de celle du grec classique, est à la fois facile et précise.

Les possibilités du vocabulaire sont très grandes. Les nombreux préfixes et suffixes ont un sens net, et se prêtent à des formations indéfinies ; les mots peuvent se combiner à volonté pour former des mots nouveaux. Téléphone se dit facilement en breton *pellgomz* (parler loin), télévision *skinwel* (vision-rayonnement).

Le breton est une langue qui aime le verbe, qui se défie de l'adjectif ; une langue qui aime les formes fortes, une langue où il est difficile à la pensée de tricher.

Ses sonorités en font un outil de première valeur pour la poésie : il n'y a pas de doute qu'à côté, le français est plat. Nous n'avons pas de voyelles atones, peu de nasales. Pour qui sait manier la langue, il peut en tirer des effets extrêmement divers. *

Outil incomparable pour la culture, le breton ne sera-t-il pas écrasé dans la civilisation moderne ? Cela est une question d'intelligence, savoir la valeur du breton, et une question de volonté, y tenir. La grandeur du mouvement littéraire contemporain est de se battre sans vouloir céder.

* Cf ma note sur la prononciation du breton à la fin du second volume.

21

Les jeunes se lèvent avec un esprit nouveau débarrassé de tout complexe; ils sont plus nombreux que jamais. Ceux qui sont vaincus d'avance n'ont jamais remporté de victoires, mais ceux qui en veulent peuvent y réussir. Est-ce l'aurore d'un jour nouveau?

Loeiz AR FLOC'H.

CHANTS MYTHOLOGIQUES
ET HISTORIQUES

KANENNOU MOJENNEL
HAG ISTOREK

LA PROPHÉTIE DE GWENC'HLAN

Le barde Gwenc'hlan fut longtemps poursuivi par un prince étranger. Le prince, s'étant rendu maître de la personne du barde, lui fit crever les yeux, le jeta dans un cachot, où il le laissa mourir. Il tomba lui-même, peu de temps après, sur un champ de bataille, victime des coups des bretons, et de l'imprécation prophétique du poète.

DIOUGAN GWENC'HLAN

Pa guzh an heol, pa goeñv ar mor
Me 'oar kanañ war dreuz ma dor.

Pa oan yaouank me a gane;
Pa'z on deut kozh, me 'gan ivez.

Me 'gan en noz, me 'gan en deiz,
Ha me keuziet bras koulskoude.

Mar d-eo ganin stouet ma beg,
Mar 'm eus keuz n'eo ket hep abeg.

Evit aon me n'em eus ket,
'M eus ket aon da vout lazhet;

Evit aon me n'em eus ket,
Amzer a-walc'h ez on-me bet.

Pan n' vin ket klasket 'vin kavet;
Met pa'z on klasket ned on ket.

Ne vern petra a c'hoarvezo,
Pezh a zo dleet a vezo :

Ret eo d'an holl mervel teir gwezh
Kent evit arzav en diwezh.

LA PROPHÉTIE DE GWENC'HLAN

Au coucher du soleil, lorsque s'enfle la mer, je chante sur le seuil de ma porte.

Quand j'étais jeune je chantais. Devenu vieux je chante encore; Chante la nuit, chante le jour mais triste est mon cœur.

Ce n'est pas sans raison que je vais tête basse et que triste est mon cœur. Non que j'aie peur. Je n'ai peur d'être tué. Non que j'aie peur car j'ai assez vécu.

Quand on ne me cherchera pas on me trouvera. Quand on me cherche on ne me trouve pas.

Ce qui adviendra peu importe! Ce qui doit être sera.

Il faut que tous meurent trois fois avant de trouver le repos.

*

Je vois le sanglier sortant du bois. Il boite bas, le pied blessé, gueule béante, pleine de sang et son crin est blanchi par l'âge. Autour de lui ses marcassins grognant de faim.

Je vois venir à lui le cheval de mer dont le rivage tremble en effroi.

Un cheval aussi blanc que la neige brillante; à son front deux cornes d'argent. Et dessous lui le flot bouillonne; de ses naseaux sort feu de foudre.

D'autres chevaux de mer l'entourent, aussi pressés que l'herbe aux rives de l'étang.

Tiens bon, cheval de mer, tiens bon! Frappe-le à la tête! Frappe fort!

*

Me 'wel an hoc'h 'tont eus ar c'hoad,
Hag eñ gwall-gamm, gwallet e droad,

E veg digor ha leun a wad
Hag e reun louedet gant an oad;

Hag o soroc'hal war e dro
Gant an naon e voc'higoù.

Me 'wel ar morvarc'h 'c'h enep-tont
Ken e kren an aod gant ar spont;

Hag eñ ken gwenn hag an erc'h kann
'Zo en e benn kerniel arc'hant.

An dour dindanañ o virviñ
Gant an tan-taran eus e fri;

Morgezeg en-dro dezhañ ken stank
Hag ar geot war lez ar stank.

— Dalc'h mat 'ta! Dalc'h mat 'ta! Morvarc'h!
Darc'h war e benn! Darc'h mat 'ta! Darc'h!

Ken e riskl er gwad an treid noazh!
Gwazh ouzh gwazh! Darc'h 'ta! Gwazh ouzh gwazh!

Me 'wel ar gwad evel ur wazh!
Darc'h mat 'ta! Darc'h 'ta! Gwazh ouzh gwazh!

Me 'wel ar gwad betek e c'hlin,
Me 'wel ar gwad evel ul lenn!

Gwazh ouzh gwazh! Darc'h 'ta! Gwazh ouzh gwazh!
Arzaviñ a ri 'benn arc'hoazh.

28

Les pieds nus glissent dans le sang. Plus fort! Frappe, plus fort encore!

Le sang je vois comme un ruisseau. Frappe fort, frappe donc, Frappe plus fort encore!

Je vois monter le sang à hauteur du genou. Je vois le sang comme une mare! Plus fort, plus fort encore!

Cheval de mer, frappe-le à la tête, frappe-le de toute ta force!

*

Comme je me trouvais doucement endormi dans ma tombe froide, j'entendis l'aigle appelant au milieu de la nuit,

Appelant ses aiglons et tous oiseaux du ciel et leur disant :

— Levez-vous! Levez-vous bien vite sur vos ailes!

Ce n'est pas de la chair pourrie de chien ou de brebis, c'est de la chair de chrétien qu'il nous faut!

— Écoute, vieux corbeau de mer : dis-moi, que tiens-tu là?

— Je tiens la tête du chef d'armée. Je veux avoir ses deux yeux rouges.

Les deux yeux je lui arrache comme il a arraché les tiens.

— Et toi, renard, que tiens-tu là?

— Je tiens son cœur, son cœur aussi faux que le mien, Qui a désiré ta mort, t'a fait mourir depuis longtemps.

— Et toi, crapaud, dis-moi : que fais-tu là, au coin de sa bouche?

— Je me suis posté ici, à attendre son âme au passage.

Et je la garderai en moi aussi longtemps que je vivrai, en châtiment du crime qu'il a commis

Contre le barde qui n'habite plus maintenant entre Roc'h-Allaz et Porz-Gwenn.

Darc'h mat 'ta! Darc'h mat 'ta! Morvarc'h!
Darc'h war e benn, darc'h mat 'ta, darc'h!

*

Pa oan em bez yen hunet dous
'Klevis an er 'c'hervel en noz,

Eñ a c'halve a eredigoù
Ha 'n holl evned eus an neñvoù;

Hag e lare dre o gervel
— Savit prim war ho tiwaskell!

N'eo ket kig brein chas pe zeñved,
Kig kristen 'rankomp da gavet!

— Morvran gozh, klev! Lavar din-me :
Petra 'choari ganit aze?

— Pen ar Penn-lu 'choari ganin,
E zaoulagad ruz a fell din,

E zaoulagad a grapan naet
'N abeg d'az re en deus tennet.

— Na te, louarn, lavar din-me
Petra c'hoari ganit aze?

— E galon a c'hoari ganin
Oa ken diwir ha ma hini,

He deus droukc'hoantaet da lazhañ,
He deus da lazhet a bell 'zo.

— Na te, lavar din-me, touseg!
Petra 'rez aze 'korn e veg?

— Me a zo amañ 'n em laket
'C'hortoz e ene da zonet;

Ennon-me 'vo, tra 'vin er bed,
E kastiz reizh eus e dorfed

E-keñver ar Barzh na chom ken
Etre Roc'h-Allaz ha Porzh-gwenn.

AR BUGEL LAERET

Mari goant a zo glac'haret,
He Loïg ker he deus kollet :
Gant ar Gorriganenn eo aet.

— Pa'z is davit dour d'ar stivell
Va Loig 'lezis 'n e gavell,
Pa zeuis d'ar gêr eñ 'oa pell.

Al loen-mañ en e lec'h laket,
E veg ken du hag un touseg,
A graf, a beg, hep ger ebet!

Ha bronn bepred 'mañ 'klask kavet,
Ha gant e seizh vloaz tremenet
C'hoazh ned eo ket c'hoazh dizonet.

Gwerc'hez Vari, war ho tron erc'h,
Gant ho krouadur 'n ho tivrec'h,
El levenez 'maoc'h, me en nec'h.

Ho mabig sakr hoc'h eus miret,
Me, va hini am eus kollet,
Truez ouzhin, mamm a druez!

— Va merc'h, va merc'h, na nec'hit ket!
Ho Loig ned eo ket kollet,
Ho Loig ker 'vo adkavet.

L'ENFANT SUPPOSÉ

Marie la belle a grande peine : son cher Loïk elle a perdu. La korriganne l'a emporté !

— J'allais puiser à la fontaine. J'ai laissé Loïk au berceau. N'y était plus quand je revins !

Dans le berceau, trouvai un monstre : rousse figure de crapaud, griffant, mordant sans dire un mot.

Sans cesse réclamait le sein. Sept ans passés, tète toujours !

— Vierge Marie, sur votre grand trône de neige, serrant votre fils dans vos bras, en grande joie vous vous tenez. Moi je suis en grande tristesse.

Le saint enfant, l'avez gardé. Moi, mon enfant je l'ai perdu. Ayez pitié de moi, ô mère de pitié !

— Ma fille, ma fille, ne soyez pas en peine ! N'est pas perdu votre Loïk ! Votre fils sera retrouvé :

Qui feint préparer le repas dedans une coquille d'œuf pour dix laboureurs d'une ferme force bien le nain à parler !

Dès qu'il a parlé, fouettez-le ! Oui, fouettez le nain à grands coups ! Le nain fouetté fort crie bien haut. Le nain entendu, sitôt enlevé !

Neb 'ra van en ur glorenn vi
D'aozañ pred dek gonideg un ti
'Lak ar c'horrig da brezegiñ.

P'en deus prezeget, foet-añ, flemm!
P'eo bet foetet-flemm e klemm!
Pa vo klevet, 'vo lamet lemm!

— Petra 'rit-hu aze, va mamm?
'Lavare ar c'horr gant estlamm,
Petra rit-hu aze, va mamm?

— Petra 'ran amañ va mab-me?
Aozañ a ran 'n ur bluskenn-vi
Evit dek gonideg va zi.

— 'Vit dek, mamm ger, en ur bluskenn!
Gwelis vi kent gwelout yar wenn,
Gwelis mez kent gwelout gwezenn,

Gwelis mez ha gwelis gwial,
Gwelis an derv e koad Breizh all,
Biskoazh ne welis kemend-all.

— Re a draou 'c'h eus gwelet, va mab!
Da flap! Da flip! Da flip! Da flap!
Da flip, paotr kozh! A, me az krap!

— 'Sko ket gantañ, lez-añ ganin,
Ne ran ket me droug d'az hini,
Eñ 'zo roue en hor bro-ni.

Mari d'ar gêr pa zistroas
He bugel kousket a welas
En e gavell ha sioul-bras.

— Que faites-vous donc là, ma mère? disait le nain très étonné. — Que faites-vous donc là, ma mère?

— Ce que je fais ici, mon fils : à dîner dans une coquille, à dîner pour dix laboureurs.

— A dîner pour dix laboureurs dans une coquille d'œuf, chère mère? Dix, chère mère, dans une coquille?

J'ai vu l'œuf, oui, l'œuf je l'ai vu avant de voir la poule blanche. J'ai vu le gland, oui vu le gland avant de voir le grand arbre.

J'ai vu le gland, j'ai vu la gaule. J'ai vu le chêne dans les bois, dans les bois de l'autre Bretagne. Jamais n'ai vu pareille chose!

— Trop de choses tu as vu, mon fils! Flip! Flop! Flip! Flop! Ah, vieux gaillard, ah, je te tiens!

— Ne le frappe pas, rends-le moi! Je ne fais de mal à ton fils. Il est roi dans notre pays. »

Quand s'en revint à la maison, Marie retrouva son enfant. L'enfant dormi en son berceau. L'enfant dormi bien doucement.
Le regardant toute ravie, Marie s'inclinait le baiser. L'ouvrit les yeux.
Et s'asseyant ses petits bras lui tendit :

— Ah, mère, longtemps j'ai dormi! »

Hag outañ ken kaer pa sellas,
Ha da vokat dezhañ pa'z eas,
E zaoulagad eñ 'zigoras.

En e goazez en em save,
E zivrec'hig a astenne :
— Gwall-bell on bet kousket, mamm-me!

AN AOTROU NANN
HAG AR GORRIGANENN

An Aotrou Nann hag e bried
Yaouankik-flamm 'zo dimezet,
Yaouankik-flamm dispartiet.

An Itron he deus ganet dec'h
Daou vugel ken kaer hag an erc'h,
Unan 'zo paotr, an all 'zo merc'h.

— Petra 'c'houl ho kalon avat
P'hoc'h eus ganet ur mab d'e dad?
Lavarit, m'en roy deoc'h timat.

Kig kefeleg eus stank an diaz,
Pe kig karo ar forest glas?

— Kig karo eo a gavfen mat,
Hogen poan 'vo deoc'h mont d'ar c'hoad.

*

An Aotrou Nann pa he c'hlevas
En e c'hoaf dero a grogas,

Ha war e varc'h du e lammas,
Ha d'ar forest glas ez eas.

War lez ar c'hoad p'oa degouezhet,
Un heizez wenn en deus gwelet,

40

LE SEIGNEUR NANN ET LA FÉE

Le seigneur Nann et son épouse furent fiancés alors que bien jeunes. Bien jeunes tous deux furent séparés.

De la dame sont nés hier deux jumeaux aussi blancs que neige. L'un est un garçon, l'autre est une fille.

— Que désire votre cœur pour m'avoir donné un fils? Dites-moi. Sitôt je l'accorderai.

Chair de bécasse de l'Étang du Val? Chair de chevreuil de la forêt verte?

— Chair de chevreuil que je voudrais. Mais vous faudrait aller au bois. »

Dès que le seigneur l'entendit, il saisit sa lance de chêne.

Il enfourcha son cheval noir, il courut vers la forêt verte.

*

En lisière de la forêt, seigneur Nann vit une biche blanche. Et sitôt tant il la força que la terre tremblait sous la course.

Oui, sitôt tant il la força que l'eau ruisselait de son front, et que l'eau ruisselait des flancs de son coursier. Le soir tomba.

41

Hag eñ mont buan war he zro
Ken 'krene an douar dindano;

Hag eñ mont war he lerc'h raktal
Ken 'rede an dour diouzh e dal,

Ha diouzh e varc'h a bep kostez...
Ken na zeuas an abardaez,

Ken na gavas ur wazh vihan
'Kichen ti ur Gorriganenn.

Ha tro war dro un dachenn flour,
Hag eñ da ziskenn d'evañ dour.

'R Gorriganenn 'tal he feunteun
Oa o kribat he blev melen,

Hag o c'hribe gant ur grib aour
('N itronezed-se n'int ket paour).

— Ha c'hwi 'zo ken dibalamour
Da zont da strafuilhañ va dour?

Dimeziñ din bremañ 'rankfot,
Pe e-pad seizh vloaz e sec'hfot,
Pe a-benn tri deiz e varvfot.

— Dimeziñ deoc'h me ne rin ket,
Setu bloaz 'zo m'on dimezet;

Da zisec'hañ ne chomin ket,
Na 'benn tri deiz ne varvin ket,

Ne varvin ket a-benn tri deiz
Nemet pa vezo youl Doue.

Met gwell eo din mervel bremañ
'Get dimeziñ d'ur Gorriganenn!

Le seigneur Nann découvrit un ruisselet près de la grotte d'une korigane.

Tout autour de la grotte s'étendait gazon fin. Seigneur Nann descendit pour boire. Au bord de sa fontaine était assise la koriganne, peignant lentement sa longue chevelure blonde.

De son peigne d'or elle la peignait (ces créatures ne sont point pauvres...)
Elle dit au seigneur — Comment osez-vous venir troubler mon eau?

Si vous ne m'épousez sur l'heure, pendant sept années vous sècherez sur pied ou bien vous mourrez au bout de trois jours.

— Je ne vous épouserai point car je suis marié.
Je ne sècherai point sur pied. Je ne mourrai point dans trois jours.

Dans trois jours je ne mourrai point. Seulement quand Dieu le voudra,
Mais mourir j'aimerais mieux plutôt qu'épouser une fée. »

*

— Mère chérie, pour l'amour de moi faites-moi mon lit, s'il le faut. Je me sens bien malade.

Ne dites mot à mon épouse, on me portera en terre dans trois jours. Une fée m'a jeté un sort. »

Trois jours plus tard, la jeune femme demandait :

— Mère, dites-moi : pourquoi les cloches sonnent-elles?

Pourquoi les prêtres vêtus de blancs chantent-ils en bas dans la maison?

— Va mammig kaezh, mar am c'harit,
Aozit va gwele mar n'eo ket,
Gant ar c'hleñved ez on dalc'het.

Na lavarit tra d'am fried,
A-benn tri deiz e vin beziet,
Gant ur Gorriganenn on bet skoet.

Hag a-benn tri devezh goude
Ar wreg yaouank a c'houlenne :

— Lavarit din-me, va mamm-gaer,
Ha perak e son ar c'hleier?

Perak e kan ar veleien
War al leurdi, gwisket e gwenn?

— En noz-mañ, mervel en deus graet
Ur paour-kaezh hor boa kemeret.

— Va mamm-gaer, din-me lavarit,
Va Aotrou Nann pelec'h eo aet?

— E Kêr, va merc'hig, ez eo aet;
E-berr e teuy d'ho kwelet.

— Va mamm-gaer gaezh, lavarit din,
Ruz pe c'hlas d'an iliz ez in?

— Va merc'hig paour, deut eo ar c'hiz
Da vont gwisket du d'an Iliz.

*

Pazenn ar vered pa dreuzas
Bez he fried paour a welas.

— Est mort cette nuit un pauvre homme que nous logions par bonté.

— Mère, dites-moi : où donc s'en est allé mon seigneur Nann?

— A la ville il s'en est allé. Dans peu de temps viendra vous voir.

— Ma mère, dites-moi : pour me rendre à l'église m'habillerai-je en robe bleue, en robe rouge?

— Maintenant, mon enfant, c'est la mode d'aller à l'église vêtue de noir. »

*

Quand elle franchit l'échallier du cimetière, la dame vit la tombe du seigneur Nann.

— Qui donc est mort, de notre famille, que la terre est remuée de frais?

— Hélas, ma fille, comment vous le cacher, votre pauvre mari est là. »
L'épouse se jeta à deux genoux, ne se releva plus.

Dans la nuit qui a suivi le jour où l'on ensevelit la dame dans la même tombe que son mari, ce fut grand'merveille de voir

De voir deux chênes s'élever dans les airs, de leur tombe nouvelle.

Et, sur leurs branches, deux colombes blanches qui sautillaient si gaiement

Les deux oiseaux chantèrent au lever de l'aurore et prirent leur vol vers les cieux.

— Pere eus hon tud 'zo marvet
Pa'z eo hon douar-ni fresket?

— Siwazh! Va merc'h, n'hellan nac'h mui,
Ho pried paour a zo enni!

War he daoulin en em strinkas
Ha biken goude ne savas.

Tra burzhudus a voe gwelet
En noz goude ma voe laket
An Itron e bez he fried,

Gwelet diw wezenn derv 'sevel
Diouzh o bez nevez d'an uhel,

Ha war o brank diw goulmig wenn
Hag i ken drev ha ken laouen

'Kanañ eno da c'houlou-deiz
Hag o nijal goude d'an neñv.

MERLIN

MERLIN

(Fragments de ballades)

On s'accorde à voir dans le personnage de Merlin le héros unique d'une triple tradition, où il apparaît comme un être mythologique, historique et légendaire.

Les Gallois possèdent des poésies de ce barde, mais malheureusement rajeunies et même transformées aux XIIe et XIIIe siècles, dans un intérêt national. Les Bretons d'Armorique ont seulement quelques chants populaires qui le concernent. Le premier est une chanson de nourrice. Quoique Merlin n'y soit pas nommé, il s'agit évidemment de l'être merveilleux que son nom rappelle et de son origine mythologique. Le second fragment le représente comme un magicien ou un devin; dans le troisième, qui est une ballade complète, il n'est plus que barde et joueur de harpe. Le quatrième nous le montre converti par le bien-heureux Kadok ou Kado.

La chanson de nourrice fait raconter à Merlin enfant sa génération mystérieuse par sa mère elle-même qui veut l'endormir.

H.V.

I

MARZHIN EN E GAVELL

Trizek miz 'zo ha teir sizhun
E oan dindan ar c'hoad o hun,

— O, hun eta, va mabig, va mabig,
Hun eta, toutouig lala!

'Klevis o kanañ ul labous,
'Kane ken flour, 'kane ken dous,
— O, hun eta...

'Kane ken dous, 'kane ken flour,
Flouroc'h evit hiboud an dour,
— O, hun eta...

Kement ma'z is d'e heul diboell
Touellet gantañ va spered.
— O, hun eta...

D'e heul pell-pell, pell-pell ez is,
Siwazh! Siwazh d'am yaouankiz!
— O, hun eta...

Hag e lare : Merc'hig roue,
Kaer out evel gliz ar beure;
— O, hun eta...

I

MERLIN AU BERCEAU

Voici bientôt quatorze mois que dans le bois je m'endormis.

Dors, mon enfant, dors mon cher fils! Dors, mon enfant, bien doucement!

J'avais écouté oiseau si beau chanteur, oiseau si mélodieux, oiseau chantant plus doucement que le ruisseau.

Sans y veiller davantage, je le suivis, l'esprit charmé.

Bien loin, très loin je le suivis. C'est qu'hélas j'étais bien jeune! L'oiseau me chantait : « Ô fille du roi, l'aube est en joie qui te contemple, le sais-tu?

Le soleil aussi est en joie. Qui donc deviendra ton époux?

— Taisez-vous, vilain oiseau! Votre petit bec est trop audacieux!

Si le Roi du ciel jette un regard sur moi, que m'importe celui de l'aurore, ou celui du soleil? Ou celui de tout l'Univers?

Si vous me parlez mariage, parlez-moi du Roi du ciel!

Ar goulou-deiz a zo souezhet
Pa sell ouzhit, ne ouzout ket!
— O, hun eta...

Pa bar an heol na souezhet eo!
Na piw a vo da bried-te?
— O, hun eta...

— Tavit, tavit, kozh labousig!
C'hwi 'zo gwall-lik gant ho pegig!
— O, hun eta...

Roue al Laez mar sell ouzhin,
Ar goulou-deiz ne ra van din.
— O, hun eta...

Ne ra van din-me sell an heol
Na kennebeut sell ar bed holl.
— O, hun eta...

Mar komzit din eus dimezi
Eus Roue an Neñv komzit din.
— O, hun eta...

Kanañ 'rae brav ouzh brav 'velkent,
Ha me d'e heul, souchet va fenn,
— O, hun eta...

Ken e kouezhis skuizh-marv kousket,
Dindan un dervenn, er gwasked.
— O, hun eta...

Hag eno em boe un huñvre
Am sabatuas betek re.
— O, hun eta...

E oan e-barzh ti un Duzig,
Ha tro-war-dro ur feunteunig,
— O, hun eta...

Dors mon enfant, dors, mon cher fils! Dors, mon enfant, bien doucement!

Plus doux se faisait le chant de l'oiseau. Moi je le suivis, tête basse.

Tant qu'en un lieu désert, dessous un chêne, je tombai lourde de fatigue. Je fis un rêve qui me jeta dans un grand trouble. Je rêvai que je me trouvais dans la maison d'un nain, dans le cercle des eaux d'une petite fontaine.

Si transparentes, si lumineuses étaient les pierres de la maison! Ses pierres étaient diaphanes comme cristal.

Sur le sol, un tapis de mousse parsemé de fleurs nouvelles.

J'étais sans frayeur, toute en joie car le nain n'était pas chez lui.

Soudain j'aperçus une tourterelle qui volait de plus loin à tire d'aile. De son bec elle frappa à la paroi transparente de la demeure. En pitié de l'oiseau j'allai ouvrir la porte.

L'oiseau sitôt d'entrer et de voler en cercle autour de la grotte, effleurant parfois mon front, parfois mon épaule ou mon sein.

Et par trois fois l'oiseau becqueta mon oreille et vivement s'en retourna sous le bois vert.

Joyeux était l'oiseau. Je ne suis pas joyeuse. Maudite soit l'heure où je m'endormis!

Les larmes coulent de mes yeux : j'ai un berceau à balancer. Que ne sont-ils dans l'abîme de glace, les esprits noirs, tous les esprits noirs, chair et os!

Que n'est-il faux, mon rêve! Que ne suis-je inconnue à tous!

He mein ken boull, he mein ken sklaer,
He mein ken splann evel ar gwer!
— O, hun eta...

Ur gwiskad man war al leurdi,
Bleunioù nevez strewet warni.
— O, hun eta...

An Duzig ne oa ket er gêr,
Ha me diogel ha seder,
— O, hun eta...

Pa welis o tont eus a bell
Un durzhunell a denn askell,
— O, hun eta...

Hag a stokas gant he begig
Ouzh moger voull ti an Duzig.
— O, hun eta...

Ha me sod, gant truez outi
Mont da zigeriñ 'n nor dezhi.
— O, hun eta...

Hag hi e-barzh ha da rodal
Tro-war-dro d'an ti o nijal,
— O, hun eta...

Gwech war va skoaz, gwech war va fenn,
Gwech e nije war va c'herc'henn.
— O, hun eta...

Teir gwech d'am skouarn e pokas
Ha kuit drev en-dro d'ar c'hoad glas.
— O, hun eta...

Mar boa drev hi, me ned on ket :
Mallozh d'an eur ma oan kousket.
— O, hun eta...

Tout nouveau-né qu'il fut, l'enfant se mit à rire en me disant et redisant :

— Ne pleurez pas, mère, ne pleurez pas ! Nul chagrin ne vous causerai. Mais c'est pour moi grand crève-cœur d'entendre traiter mon père d'esprit noir.

Mon père, entre ciel et terre, est aussi brillant que la lune. Mon père aime les pauvres gens. S'il peut les aider, il les aide.

Que Dieu préserve éternellement mon père de l'abîme de glace ! Bénie soit l'heure où je suis né pour faire le bien,

Pour faire le bien de mon pays ! De toute peine, que Dieu garde mon père !

La mère demeura stupéfaite. Elle dit : — Ceci est un prodige s'il en fut jamais !

Dors, mon enfant, dors mon cher fils ! Ô dors, enfant, bien doucement ! »

An dour a ver diouzh va lagad
Pa dlean kavell luskellat.
— O, hun eta...

A-youl 'vefe en Ifern-skorn
An Duarded kig hag askorn!
— O, hun eta...

A-youl 'vefe gaou va huñvre!
Na oufe den eus va doare!
— O, hun eta...

Ar mab, hag eñ nevez-c'hanet,
O c'hoarzhin en deus diskanet :
— O, hun eta...

— Tavit, va mamm, na ouelit ket,
Ganin n'ho po preder ebet.
— O, hun eta...

Nemet em eus gwall-galonad
Pa rit un Duard eus va zad;
— O, hun eta...

Etre an neñv hag an douar
Va zad 'zo ken kann hag al loar;
— O, hun eta...

Va zad a gar an dudoù kaezh
Ha pa gav an tu o gwarez;
— O, hun eta...

Ra viro Doue da viken
Va zad diouzh puñs an Ifern yen!
— O, hun eta...

Nemet bennozh a ran d'an eur
Ma voen ganet evit an eur,
— O, hun eta...

Ganet evit eurvad va bro :
Doue, diouzh anken d'he miro!
— O, hun eta...

Ar vamm a chomas souezhet bras :
— Hemañ 'zo Marzh mar boe biskoazh!

O, hun eta, va mabig, va mabig,
Hun eta, toutouig lala!

II

MARZHIN DĬVINOUR

— Marzhin, Marzhin, pelec'h it-hu
Ken beure-se gant ho ki du?

— You! You! ou! You! You! ou! You! ou!
You! You! ou! You! ou!

— Bet on o kas kaout an tu
Da gavout dre-mañ ar vi ruz,

Ar vi ruz eus an naer vorek,
War lez an aod, 'toull ar garreg.

Mont a ran da glask d'ar flourenn
Ar beler glas, an aourieotenn,

Koulz hag uhelvarr an dervenn,
E-kreiz ar c'hoad, 'lez ar feunteun.

— Marzhin, Marzhin! Distroit en-dro,
Laoskit ar varr gant an dero,

Hag ar beler gant ar flourenn
Kenkoulz hag an aourieotenn,

Kenkoulz ha vi an naer vorek
E-touez an eon, 'toull ar garreg.

II

MERLIN-DEVIN

— Merlin, Merlin, où donc allez-vous si matin, auprès de vous votre chien noir?
You! You! Ou! You! Ou! You! Ou!
You! You! Ou! You! You! Ou! You! Ou!

— Ici, je viens chercher le moyen de trouver l'œuf rouge,
L'œuf rouge du serpent marin au bord du rivage dans le creux du rocher.
Ici je vais chercher dans la prairie le cresson vert et l'herbe d'or.
Je vais chercher dans la prairie le gui du chêne, dans le bois près de la fontaine...

— Merlin! Merlin! Convertissez-vous et laissez le gui sur le chêne!
Le cresson vert dans la prairie et laissez aussi l'herbe d'or.
Laissez l'œuf du serpent marin dans l'écume au creux du rocher.
Merlin! Merlin! Convertissez-vous! Il n'y a de devin que Dieu!
You! You! Ou! You! You! Ou! You! Ou!
You! You! Ou! You! Ou! You! Ou!

Marzhin, Marzhin! Distroit en-dro,
N'eus divinour nemet Doue!

— You! You! ou! You! You! ou! You! ou!
You! You! ou! You! ou!

III

MARZHIN BARZH

Va mamm gozh paour, va selaouit!
D'ar fest em eus c'hoant da vonet;

D'ar fest, d'ar redadeg nevez
A zo laket gant ar Roue.

— D'ar redadeg ned efot ket,
D'ar fest-mañ na da fest ebet,

Ned efot ket d'ar fest nevez,
Gouelañ 'c'h eus graet en hoc'h huñvre,

Ned efot ket mar dalc'h ganeñ,
Gouelañ 'c'h eus graet en hoc'h huñvre.

— Va mammig paour, mar am c'harit
D'ar fest em lezfot da vonet.

— O vont d'ar fest, c'hwi a gano,
O tont en-dro, c'hwi a ouelo!

*

E ebeul ruz en deus sterniet,
Gant direnn flamm en houarnet;

Ur c'habestr 'n deus laket 'n e benn,
Hag un dorchenn skañv war e gein;

III

MERLIN BARDE

— Bonne grand'mère, écoutez-moi : j'ai désir d'aller à la fête.

Oui, à la fête, aux courses nouvelles que donne le roi.

— A la fête vous n'irez point ! A celle-ci ni à nulle autre !

A la fête nouvelle, non, vous n'irez point : vous avez pleuré toute la nuit.

S'il tient à moi, vous n'irez point : vous avez pleuré en rêvant.

— Bonne petite mère si vous m'aimez vous me laisserez aller à la fête.

— Vous chanterez en y allant. En revenant vous pleurerez ! »

*

Le garçon a équipé son poulain rouge; il l'a ferré d'acier luisant.

Le garçon a bridé sa bête.

L'a vêtue d'une housse légère.

Un anneau il a attaché au cou du poulain,

Un ruban noué à sa queue

Et sur son dos il a sauté, puis il est arrivé à la fête nouvelle.

Comme il arrivait les cornes sonnaient.

La foule se pressait bondissaient les chevaux.

— Le cavalier qui aura franchi au galop la grande barrière du champ de fête

E kerc'henn e c'houzoug ur walenn
Hag en-dro d'e lost ur seizenn.

Ha war e c'horre eo pignet,
Hag er fest nevez degouezhet.

E park ar fest p'oa degouezhet,
'Oa ar c'hern-bual o sonet,

Hag an holl dud en ur bagad
Hag an holl virc'hed o lampat.

— An hini en devo treuzet
Kleuz bras park ar fest en ur red,

En ul lamm klok, distag ha naet,
Merc'h ar Roue 'n devo da bried.

E ebeulig ruz pa glevas
A-bouez e benn a gristilhas;

Lammat a reas ha konnariñ,
Ha teurel c'hwezh-tan gant e fri;

Ha luc'hed gant e zaoulagad,
Ha darc'h en douar gant e droad,

Ken e oa ar re all trec'het,
Hag ar c'hleuz treuzet en ur red.

— Aotrou Roue, 'vel 'c'h eus touet,
Ho merc'h Linor 'rankan kavet.

— Va merc'h Linor n'ho pezo ket,
Na den eveldoc'h kennebeut;

N'eo ket kelc'hierion a fell din
Da reiñ da bried d'am merc'h-me!

Un ozhac'h kozh a oa eno
Ha gantañ ur pikol baro,

En un bond vif, franc et parfait, épousera la fille du roi!

En entendant ces paroles le poulain rouge hennit bien haut

Il bondit, s'emporta, soufflant le feu de ses naseaux.

Ses yeux jetaient des éclairs, son pied martelait la terre.

Tous les autres étaient dépassés, la barrière franchie d'un bond.

— Seigneur Roi, vous l'avez juré : votre fille Lénor est à moi!

— Ma fille Lénor vous n'aurez point, ni vous ni gens de votre espèce.

Je ne veux marier ma fille à des sorciers!

Un vieil homme était là, qui portait une barbe blanche,

Une barbe blanche au menton, plus blanche encore que la laine sur les buissons de la lande.

Vêtu d'une robe de laine tout au long galonnée d'argent,

Il était assis à la droite du roi et se pencha lui parler bas.

L'ayant écouté, de son sceptre le roi frappa trois coups.

Trois coups de son sceptre sur la table et le tout le monde fit silence :

— Si tu m'apportes la harpe de Merlin, dit le roi, qui est tenue par quatre chaînes d'or fin,

Je dis : si tu m'apportes la harpe suspendue au chevet de son lit

Et si tu parviens à la détacher, me l'apporter, alors tu auras ma fille, peut-être. »

*

— Bonne grand'mère, si vous m'aimez vous me donnerez un conseil.

Bonne grand-mère, si vous m'aimez car mon pauvre cœur est brisé.

— M'auriez-vous obéi, votre cœur ne serait brisé.

Mon pauvre petit-fils, ne pleurez pas car vous détacherez la harpe.

Ne pleurez pas, pauvre petit-fils, voici un marteau d'or.

Rien ne résonne plus sous les coups de ce marteau-là!

En e chik ur baro gwenn-kann
Gwennoc'h evit gloan war al lann,

Hag eñ gwisket gant ur sae-c'hloan
Bordet penn da benn gant arc'hant,

Hag eñ en tu dehoù d'ar Roue
Outañ a c'hougomze neuze.

Ar Roue p'en deus e glevet,
Dre deir gwech gant e vazh 'n deus skoet,

Teir gwech gant e vazh war an daol
Ken e lakas selaou an holl :

— Ma tegasez din Telenn Marzhin
Dalc'het gant peder sug aour fin,

Ma tegasez e delenn din-me
'Zo staget e penn e wele,

Mar he distagez, d'ar pred-se,
Az pezo va merc'h, marteze !

*

— Va mamm gozh paour, mar am c'harit,
Un ali din-me a rofot,

Va mamm gozh paour, mar am c'harit,
Rak va c'halonig 'zo rannet.

— Mar ho pije ouzhin sentet
Ho kalon ne vije rannet,

Va mabig paour, na ouelit ket,
An delenn a vo distaget.

Na ouelit ket, va mabig paour,
Setu amañ ur morzhol aour,

70

— Bonheur et joie en ce palais, me voici revenu!
Me voici revenu avec la harpe de Merlin!
Quand le fils du roi l'entendit, à son père il parla tout bas.
L'ayant écouté, le roi répondit :
— Si tu m'apportes l'anneau que Merlin porte à la main droite,
Si tu m'apportes cet anneau, je te donnerai ma fille.

*

Le jeune homme s'en revient vite trouver en pleurant sa grand'mère.
— Le seigneur roi avait dit. Et le seigneur roi s'est dédit!
— N'en ayez de chagrin! Prenez le rameau qui est là,
Qui est là dans mon petit coffre et où se trouvent douze petites feuilles,
Douze feuilles que j'ai cueillies, dans sept bois, il y a sept ans.
Quand le coq chantera à minuit, votre cheval rouge sera prêt pour vous.
Ne craignez point! Le barde Merlin ne s'éveillera point. »
Comme le coq chantait au cœur de la nuit noire, le cheval rouge bondissait sur le chemin.
Le coq chantait encore que l'anneau de Merlin était enlevé.

*

Au matin, quand jaillit le jour, le jeune homme était près du roi.
Le roi, en le voyant, resta debout, tout stupéfait.
Stupéfaits, tous l'étaient, disant : — Voilà que le jeune homme a gagné son épouse! »
Puis le roi sortit un instant avec son fils et le viel homme.
Le fils et le vieil homme revinrent avec lui, l'un à sa gauche l'autre à sa droite.
Le roi dit : — Ce que tu as entendu est vrai, mon fils. Ce jour tu as gagné ton épouse.

N'eus tra ebet hag a drouzfe
Dindan taolioù ar morzhol-se!

*

— Eurvad ha joa 'barzh an ti-mañ,
Setu me degouezhet amañ,

Setu me deuet adarre
Ha Telenn Marzhin ganin-me.

Mab ar Roue 'dal m'e glevas,
Ouzh ar Roue a c'hougomzas,

Hag ar Roue ouzh e glevet
D'an den yaouank en deus laret :

— Ma tegazez din e vizoù
A zo gantañ 'n e zorn dehoù,

Ma tegasez e vizoù din
Te az po va merc'h diganin!

Hag eñ da vont o ouelañ druz
Da gaout e vamm-gozh diouzhtu.

— 'N aotrou Roue 'n devoa laret
Ha padal en deus dislaret!

— Na chifit ket 'vit kement-se,
Tapit ar skoultrig 'zo aze,

A zo aze 'barzh va arc'hig
Hag ennañ daouzek deliennig,

Hag ennañ daouzek delienn grenn
Hag i ken kaer hag aour melen,

Hag on bet seizh noz d'e gerc'hat,
Seizh vloaz tremenet e seizh koad.

Mais une chose encore je te demande, qui sera la dernière chose.

Si tu peux accomplir l'exploit, tu seras le vrai gendre du roi.

Alors, tu auras ma fille et tout le pays de Léon, je te le jure par ma race :

C'est d'amener Merlin le Barde à ma cour pour célébrer le mariage ! »

*

— Ô barde Merlin, d'où viens-tu avec tes habits en lambeaux ?

Où vas-tu ainsi, tête nue et pieds nus,

Où donc vas-tu ainsi, vieux Merlin, avec ton bâton de houx ?

— Je vais chercher ma harpe, consolation de mon cœur en ce monde.

Chercher ma harpe et mon anneau car je les ai perdus tous deux.

— Merlin, Merlin, ne soyez pas en peine ! Votre harpe n'est pas perdue

Votre harpe n'est pas perdue, non plus votre anneau d'or !

Entrez, Merlin, entrez ! Venez manger un morceau avec moi.

— Non, je ne cesserai de marcher, je ne mangerai un morceau.

De ma vie je n'en mangerai que je n'aie retrouvé ma harpe.

— Merlin, Merlin, faites comme je vous le demande ; votre harpe sera retrouvée. »

*

La vieille femme sut si bien prier le barde qu'il entra.

Sur le soir vint le jeune fils. Le voilà donc dans sa maison.

Oui le voilà tremblant d'effroi en regardant près du foyer,

Pa gano 'r c'hog da hanter-noz
Ho marc'h ruz 'vo ouzh ho kortoz,

N'eus ket da gaout aon ebet,
Marzhin Barzh ne zihuno ket.

Pa gane 'r c'hog 'kreiz an noz du
'Lamme gant an hent ar marc'h du;

N'en doa ket ar c'hog peurganet
Pa oa bizoù Marzhin lammet.

*

Antronoz, pa darzhas an deiz
'Oa aet da gaout ar Roue.

Hag ar Roue 'dal m'e welas
'Chomas en e sav souezhet bras,

Souezhet bras hag an holl 'veltañ :
— Setu gonezet e wreg gantañ!

Hag eñ mont un tammig er-maez
E vab d'e heul hag an ozhac'h kaezh;

Hag i da zont gantañ en-dro,
Unan a gleiz, unan a zehoù.

— Gwir eo, va mab, pezh 'c'h eus klevet,
Da wreg hizio 'c'h eus gonezet;

Hogen un dra c'hoazh a c'houlan,
Hemañ a vo an diwezhañ :

Mar deuez d'ober kement-se
'Vezi gwir vab-kaer ar Roue,

Te az po va merc'h hag ouzhpenn
An holl vro Leon, dre va gouenn!

Y voyant, assis, le barde Merlin, tête penchée sur la poitrine.

Voyant Merlin près du foyer, le jeune fils ne savait où fuir.

La vieille femme dit : — Taisez-vous soyez sans crainte, mon enfant, Merlin dort d'un profond sommeil.

Il a mangé trois pommes rouges que je lui ai cuites sous la cendre.

Merlin a mangé mes trois pommes.

Maintenant vous suivra partout! »

*

Couchée dedans son lit, la reine demandait à sa servante de chambre :

— Qu'est-il arrivé dans la ville? Qu'est-ce que ce bruit que j'entends,

Qui me réveille si matin, qui fait trembler les colonnes de mon lit?

Qu'est-il arrivé dans la cour, que la foule pousse des cris de joie?

— C'est que toute la ville est en fête! C'est que Merlin entre au palais.

Avec lui une vieille femme vêtue de blanc et près de lui votre beau-fils! »

Le roi entendit la chambrière, sortit et courut voir, ordonnant sitôt :

— Lève-toi, bon crieur! Lève-toi vite de ton lit!

Va publier par le pays : Qui le voudra viendra aux noces,

Aux noces de la fille du roi, la fille qui sera fiancée dans huit jours.

Que viennent aux noces, les gentilshommes de tous pays de la Bretagne,

Les gentilshommes et les juges. Les gens d'église, les chevaliers!

Les grands barons d'abord. Les riches et les pauvres gens.

Cours vite par le pays, messager! Cours vite et reviens de même! »

Degas Marzhin Barzh tre em lez
Da veuliñ da briedelezh!

*

— Marzhin Barzh a belec'h e teuez,
Toullet da zilhad treuz-didreuz?

Da belec'h ez-te evel-henn,
Diskabell-kaer ha diarc'hen,

Da belec'h ez-te evel-henn
Marzhin gozh, gant da vazh kelenn?

— Mont a ran da glask va zelenn,
Frealz va c'halon er bed-mañ,

Va zelenn koulz ha va bizoù
Hag em eus o c'hollet o daou.

— Marzhin, Marzhin, na chifit ket!
Ho telenn ned eo ket kollet;

Ho telenn ned eo ket kollet
Nag ho pizoù aour kennebeut.

Deut tre en ti, deut tre, Marzhin,
Da zebriñ un tamm boued ganin.

— Mont gant va hent ne zalein,
Na tamm boued ebet ne zebrin,

Ne zebrin tamm boued war ar bed
Ken n'am bo va zelenn kavet.

— Marzhin, Marzhin, ouzhin sentit,
Ho telenn a vezo kavet.

Kement eo bet pedet ganti
Kement maz eo deut tre en ti,

— Faites silence tous! Faites silence si vous avez deux oreilles pour entendre!

Faites silence, tous, pour écouter ce qui est ordonné :

C'est la noce de la fille du roi; y vienne qui voudra dans huit jours.

Que viennent à la noce, petits et grands, qui demeurent dans ce canton!

Que viennent à la noce gentilshommes de tous pays de la Bretagne,

Les gentilshommes et les juges, les gens d'église, les chevaliers.

Les grands barons d'abord, les riches et les pauvres gens.

Oui, les riches et les pauvres auxquels ne manquera ni or ni argent.

Ne manquera ni chair ni pain; ni vin, ni hydromel à boire.

Ni escabeau pour s'asseoir, ni valets pour les servir.

On tuera deux cents porcs et deux cents taureaux bien gras,

Deux cents génisses et cent chevreuils de toutes forêts du pays.

Deux cents bœufs, cent bœufs blancs et cent bœufs noirs, dont on partagera les peaux.

Cent robes de laine blanche pour les prêtres,

Cent colliers d'or pour les beaux chevaliers;

Pleine une salle de manteaux bleus de fête pour les demoiselles,

Huit cents braies neuves pour les pauvres gens,

Cent musiciens sur leurs sièges, faisant concert jour et nuit sur la place!

Et Merlin le barde, au milieu de la cour, célèbrera le mariage.

Enfin telle sera la fête qu'on n'en aura jamais connue de pareille!

*

— La noce est terminée. Et aussi la franche lippée.

Quinze jours a duré la noce. Il y eut du plaisir assez!

Ken na zegouezhas d'abardaez
Mab ar wrac'h kozh, hag eñ tre;

Hag eñ da skrijal spontet bras
En-dro d'an oaled pa sellas,

O welout Marzhin eno kluchet
E benn war e galon stouet :

Ouzh e welout war an oaled,
N'ouie doare pelec'h tec'het :

— Tavit, va mab, na spontit ket,
Gant ar morgousk emañ dalc'het,

Lonket en deus tri aval ruz
'M eus poazhet dezhañ el ludu,

Lonket en deus va avaloù,
Setu eñ d'hon heul e pep bro!

*

Ar Rouanez a c'houlenne
Digant he flac'h a gambr neuze :

— Petra c'hoari gant ar gêr-mañ,
Pe safar a glevan amañ?

P'az on dihunet ken a-bred-se
Ken e kren postoù va gwele?

Petra 'zo degouezhet er porzh
Gant an dud eno 'youc'hal forzh?

— C'hoari gaer a zo er gêr-mañ
Gant Marzhin o tont en ti-mañ;

Ur wrac'hig kozh gwenn-kann razañ,
Hag ho mab-kaer ivez gantañ.

Tous sont partis chargés de beaux présents, avec permission et protection du roi.

Son gendre, cœur joyeux, s'en est allé dans le pays de Léon avec sa femme.

Ils sont tous partis contents. Seul le roi n'est pas satisfait :

Une fois de plus Merlin est perdu et nul ne sait ce qu'il est devenu.

Ar Roue en deus he c'hlevet,
Hag eñ er-maez prim da welet :

— Sav alese, embanner mat,
Sav eus da wele ha timat!

Ha kae da gemenn dre ar vro
Dont d'an eured neb a garo,

Dont da eured merc'h ar Roue
A vo dimezet 'benn eiz deiz,

Dont d'an eured 'n dudjentiled,
Kement 'zo e Breiz hed-ha-hed,

Tudjentiled ha barnerien,
Tud a Iliz ha marc'heien,

Ha da gentân ar Gonted veur,
Ha tud pinvidik ha tud paour.

Kae buan ha skañv dre ar vro,
Kannadour, ha deus skañv en-dro.

*

— Selaouit holl! O, selaouit
M'hoc'h eus diwskouarn da glevet!

Selaouit holl! O, selaouit
Ar pezh a zo gourc'hemennet

Dont da eured merc'h ar Roue,
Neb a garo, a-benn eizh deiz,

Dont d'an eured, bras ha bihan,
Kement a zo er c'hanton-mân,

Dont d'an eured, tudjentiled,
Kement 'zo e Breizh hed-ha-hed,

Tudjentiled ha barnerien,
Tud a Illiz ha marc'heien,

Ha da gentañ ar Gonted veur,
Ha re binvidik ha re baour,

Ha re binvidik ha re baour,
Ne vanko nag arc'hant nag aour,

Ne vanko na kig na bara,
Na gwin na dourvel da evañ,

Na skabelloù da azezañ,
Na paotred skañv d'o servijân.

Daou c'hant penn-moc'h a vo lazhet
Ha daou c'hant kole bet lardet,

Daou c'hant ounner ha kant karo
A gement koad a zo er vro,

Daou c'hant ejen, kant du, kant gwenn,
'Vo roet o c'hrec'hin dre rann grenn;

Kant sae a vo hag a c'hloan gwenn
A vo roet d'ar veleien.

Ha karkanioù aour a vo kant
'Vo roet d'ar varc'heien goant;

Mantilli glas 'vo leizh ur sal
Da reiñ d'ar merc'hed da vragal,

Hag eizh kant bragoù nevez-c'hraet
Da reiñ d'an dud paour da wisket;

Ha kant soner war o zorchenn
O son noz-deiz war an dachenn,

Ha Marzhin Barzh e kreiz al lez
O veuliñ ar briedelezh.

C'hoari a-walc'h a vo eno,
Kemend-all birviken ne vo!

*

— Klevit, keginour, me ho ped,
Hag an eured 'zo echuet?

— An eured a zo echuet,
Hag an holl draou 'zo peurlipet,

Pemzek devezh he deus padet
Ha dudi a-walc'h a zo bet.

Aet eo an holl gant profoù mat,
Harp ar Roue hag e gimiad;

Hag e vab-kaer da Vro Leon
gant e bried, drev a galon.

Aet int holl kuit ha laouenaet,
Nemet ar Roue ned eo ket :

Marzhin c'hoazh ur wech 'zo kollet
N'ouzer doare pelec'h 'mañ aet.

IV

DISTRO MARZHIN

Kado o vont gant ar c'hoad don,
Gantañ e gloc'h sklintin o son,

Ken na zeredas un tasmant,
Glas e varo evel ar man,

Hag e zaoulagad o têviñ
'Vel dour ur gaoter o virviñ.

Kado, ar sant, a zegouezhe
Gant Marzhin ar Barzh en deiz-se :

— Kemenn 'ran dit, en an' Doue!
Lavar din-me petra out-te?

— En amzer ma oan 'barzh ar bed
'Vezen gant an holl enoret;

Diouzhtu ma'z aen e-barzh ur sal
E kleved an holl o youc'hal;

Dioutzhtu ma kane va zelenn
'Kouezhe diouzh ar gwez aour melen,

Rouaned ar vro am c'hare
Rouaned all holl am douje;

IV

CONVERSION DE MERLIN

Kado allait par la forêt profonde. Il agitait sa clochette aux sons clairs.

Bondit un fantôme à barbe grise comme mousse, aux yeux bouillants comme l'eau du bassin sur le feu.

Kado le saint se rencontrait avec Merlin le barde, ce jour-là.

— Qui donc es-tu? Dis-moi. Je te l'ordonne au nom de Dieu.

— Du temps que j'étais barde dans le monde, j'étais honoré de tous les hommes. Dès que j'entrais dans les palais la foule poussait des cris de joie.

Sitôt que ma harpe chantait, l'or splendide tombait des arbres.
Et m'aimaient les rois du pays; me craignaient les rois étrangers.

J'entendais demander les pauvres gens du peuple :
— « Chante, Merlin, chante toujours! »
Tous les Bretons me demandaient : — Chante, Merlin, ce qui sera. »

An dudigoù paour 'lavare :
— Kan, Marzhin, kan e pep mare!

Larout a rae ar Vretoned :
— Kan, Marzhin, an traou da zonet!

Bremañ er c'hoadoù e vevan
Den ne ra stad ouzhin bremañ.

Bleizi ha moc'h gouez 'kreiz va hent,
Tra ma'z an e-biou, 'skrign o dent.

Kollet eo ganin va zelenn,
Troc'het eo gwez an aour melen;

Rouaned Breizh a zo maro,
Rouaned all a wask ar vro;

Ne lavar ken ar Vretoned :
— Kan, Marzhin, an traou da zonet!

Int-i 'ra ouzhin Marzhin foll,
A daolioù mein am c'hasont holl.

— Paour kaezh diod, distroit en-dro
Ouzh an Doue 'vidoc'h maro;

Hennezh 'n devo truez ouzhoc'h;
Da neb a fiz ennañ 'ro peoc'h.

— Ennañ 'fizis, ha c'hoazh e fizian,
Outañ truez a c'houlennan.

— Drezon hoc'h eus truez outañ,
C'hwi Tad, ha Mab, ha Spered Glan!

— Me a laosko ur youc'hadenn
D'am Roue, gwir Zoue ha den!

Maintenant je vis dans les bois. N'est plus personne qui m'honore. Loups, sangliers, dans mon chemin, quand je passe grincent des dents.

Ma harpe j'ai perdu. Les arbres sont coupés d'où tombait l'or splendide.

Ils sont morts, les rois des Bretons et les rois étrangers oppriment la Bretagne.

Les Bretons ne demandent plus : — Chante, Merlin, ce qui sera!

Ils m'appellent Merlin le Fou, ils me chassent à coups de pierres!

— Pauvre cher innocent, revenez au Dieu qui est mort pour vous! Celui-là aura pitié de vous. A qui met en lui sa confiance, Dieu accorde le repos.

Me 'gano e vadelezhoù
A oad da oad dreist an oadoù!

— Paour kaezh Marzhin, Doue d'ho klevo,
Aelez Doue d'hoc'h ambrougo!

LEZ-BREIZ

La Villemarqué présente plusieurs fragments consacrés à Morvan, vicomte de Léon, surnommé « Leiz-Breiz » c'est-à-dire « le héros et le soutien de la Bretagne ». Histoire, légende? Qu'importe! L'héroïsme est immortel.

LEZ-BREIZ

I

AR C'HIMIAD

Pa oa paotr Lez-Breizh e ti e vamm
En devoe, un deiz, ur pezh estlamm :

Ur marc'heg o tonet gant ar c'hoad
Hag eñ penn da benn harnezet mat.

Hag ar paotr Lez-Breizh 'dal m'e welas,
Soñjal 'oa Sant Mikael a reas;

Ha war e zaoulin en em strinkas,
Hag e sin ar Groaz prim a reas.

— Aotrou Sant Mikael, en an' Doue,
Nan it ket da ober droug din-me!

— An Aotrou Sant Mikael ned on ket,
Nag un drougoberour kennebeut;

Sant Mikael avat, me ned on ket;
Marc'heg urzhiet ne lavaran ket.

— Gwelout marc'heg biskoazh n'em eus graet,
Na komzet anezho kennebeut.

— Un den eveldon an hini eo;
Hag unan 'weljout o vont e-biou?

I

LE DÉPART

Comme l'enfant Lez-Breiz demeurait chez sa mère, il ressentit un jour une vive surprise à voir s'avancer, chevauchant par le bois, un chevalier en grand équipage de guerre. Et, le voyant, l'enfant Lez-Breiz pensa que c'était Saint-Michel.

Se jeta vite à deux genoux, faisant le signe de la croix :

— Ô par Dieu, Seigneur Saint-Michel, ne me faites point de mal!

L'autre répondit : — Je ne suis pas plus ce seigneur que je ne suis un malfaiteur.

Moi Saint-Michel? Ah non vraiment! Chevalier ordonné c'est vrai.

— De chevalier n'ai jamais vu. N'ai entendu parler non plus.

— Un chevalier, un homme comme moi, en as-tu vu passer quelqu'un?

— Répondez-moi d'abord vous-même. Qu'est-ce que ceci? Qu'en faites-vous?

— Ce que tu montres est une lance. J'en frappe tout ce que je veux.

— L'arme ne vaut mon casse-tête. Qui ose l'affronter est mort!

Dites-moi, qu'est ce plat de cuivre que vous portez sur votre bras?

— Enfant, ce n'est un plat de cuivre. Ce plat est blanc bouclier.

— Seigneur chevalier, ne vous moquez point! Les

— Lavarit-hu din-me da gentañ :
Petra se, na petra 'rit gantañ?

— Pezh am eus c'hoant a dizhan gantañ;
Ur goaf a lavarer anezhañ.

— Gwell eo ganin, gwell eo va fenn-bazh;
N'eer ket en e arbenn hep gloaz;

Ha petra an disk, ar plad kouevr-mañ
A zougit-hu ouzh ho prec'h amañ?

— Ned eo, va mab, na disk, na plad kouevr,
Un tarzian gwennek eo e c'halver.

— Aotroù marc'heg na' m goapait ket;
Meur a wenneg tarziet 'm eus gwelet;

Derc'hel a rafe unan em dorn;
Met hemañ 'zo bras 'vel ur maen-forn.

Na peseurt dilhad a zo ganeoc'h,
Ponner 'vel houarn pe ponneroc'h?

— Ul lêrgen houarnet eo ivez
D'am difenn diouzh an taolioù kleze.

— Ma ve 'n heizezed 'vel-se sterniet,
Diaesoc'h e vijent da dizhet.

Hogen, Aotroù, lavarit din-me,
Ha ganet ez oc'h bet evel-se?

Ar marc'heg kozh evel m'e glevas
C'hoarzhin gwalc'h e galon a reas.

— Piw an Diaoul 'ta en deus ho sterniet
Ma ned oc'h ket bet 'vel-se ganet?

— An hini en deus gwir da ober,
Hennezh en deus graet, va mabig ker.

98

« blancs » je les ai vus souvent. Ils sont monnaie tenant en main. Celui que je vois est grand comme pierre de four.

Quel sorte d'habit portez-vous? Lourd comme fer et plus lourd même !

— C'est une cuirasse de fer qui me défend des coups d'épée.

— Si les biches avaient tel habit, qui donc pourrait tuer les biches? »

— Dites-moi, seigneur, dites-moi, êtes-vous né comme cela?

A ces mots le vieux chevalier partit aussitôt d'un grand rire.

— Mais qui donc vous a habillé si vous n'êtes pas né ainsi?

— Celui-là qui en a le droit. Oui, c'est celui-là, mon enfant.

— Dites-moi qui donc a ce droit?

— Nul ne le possède sinon le seigneur de Quimper. Maintenant à toi de répondre : n'aurais-tu vu passer par ici un homme fait tout comme moi?

— J'ai vu un homme comme vous. Par ce chemin s'en est allé.

*

L'enfant Lez-Breiz de revenir en courant à la maison. Et l'enfant de sauter sur les genoux de sa mère. L'enfant de bavarder aussi.

— Oh ma mère, ma petite mère, vous ne savez-pas? Moi, je n'ai jamais rien vu de si beau! Non, je n'ai jamais rien vu de si beau que ce que je viens de voir aujourd'hui : un homme plus beau que le seigneur Michel dans notre église.

— Pourtant nul n'est plus splendide, mon fils que les anges de notre Dieu.

— Sauf votre grâce, ô mère, on en voit. Disent s'appeler chevaliers. Moi, je veux aller avec eux, devenir chevalier comme eux!

A ces mots la pauvre dame toute pâmée tomba à terre. Trois fois à terre elle tomba.

99

— Ha piw en deus bremañ gwir da ober?
— Den ebet met aotrou Kont Kemper.

Lavar ivez en taol-mañ din-me :
Ha den 'c'h eus gwelet eveldon-me?

— Un den eveldoc'h am eus gwelet,
Ha dre aze, aotrou, ez eo aet.

*

Hag ar paotr d'ar gêr en ur redek,
Ha war varlenn e vamm da brezeg :

— Va mammig, va mamm, ne ouzoc'h ket?
Biskoazh tra ken kaer n'em boa gwelet,

Biskoazh netra ken brav 'm eus gwelet
Hag a zo ganin hizio degouezhet.

Bravoc'h den 'vit an Aotrou Mikael,
A zo en hon iliz, an arc'hael!

— N'eus den, va mab, bravoc'h koulskoude,
Bravoc'h evit Aelez hon Doue.

— Sal-ho-kras, va mamm, gwelout a reer,
Marc'heien, emezo, o anver;

Ha me a fell din monet ganto,
Ha monet da varc'heg evelto.

An itron gaezh evel ma klevas,
Teir gwech d'an douar a fatigas.

Ha paotr Lez-Breizh, hep sellout a-dreñv,
E-barzh ar marchosi 'yeas tre.

Hag ur c'hozh inkane a gavas
Ha prim war e c'horre a bignas,

Sans y prendre garde, l'enfant Lez-Breiz courut à l'écurie. Pauvre haquenée y trouva, bien vite il la monta.

En grande hâte, sans dire adieu à personne, il galopa poursuivant le beau chevalier,

Poursuivant le beau chevalier vers Quimper. Et l'enfant Lez-Breiz quitta le manoir.

Hag eñ kuit da heul ar marc'heg ken,
Kuit ha timat, hep kimiadañ den,

Da heul ar marc'heg ken da Gemper
Ha kuitaat a eure, ar maner.

II

AN DISTRO

Marc'heg 'Lez-Breizh a voe souezhet bras
Da vaner e vamm pa ziztroas,

Pa zistroas a-benn dek vloaz krenn,
Brudet-bras e-touez ar varc'heien.

Marc'heg Lez-Breizh a voe estonet
E porzh ar maner gwech degouezhet,

O welout eno an drein o kreskiñ
Hag al linad e toull dor an ti,

Hag ar mogerioù hanter-gouezhet
Hag a iliav hanter-c'holoet.

An aotrou Lez-Breizh o klask mont tre
Ur vrac'h kozh ha dall a zigore.

— Lavarit-hu din-me, va mamm gozh,
Ha degemer a gavfen henozh?

— Degemer a-walc'h c'hwi a gavo,
N'eo ket, Aotrou, dimeus ar re vrav,

II

LE RETOUR

Le chevalier Lez-Breiz fut bien surpris lorsqu'il revint au manoir de sa mère, Lorsqu'il revint au bout de dix ans révolus, chevalier fameux entre les guerriers.

Le chevalier Lez-Breiz fut bien surpris en pénétrant dans la cour du manoir, Y voyant pousser la ronce et l'ortie jusque sur le seuil, y voyant les murs à demi ruinés, couverts de lierre.

Voulut entrer le seigneur Lez-Breiz. Une pauvre vieille aveugle ouvrit la porte.

— « Dites-moi, grand'mère, peut-on me donner l'hospitalité cette nuit?

— Volontiers on vous l'accordera, seigneur, mais hélas non des plus brillantes!

Cette maison s'est perdue depuis que l'a quittée le fils, pour agir à sa volonté.

*

A peine la vieille avait-elle parlé qu'une jeune demoiselle descendit de l'étage. Elle regarda le chevalier, baissant la tête. Puis elle se mit à pleurer.

— Dites-moi, ô vous jeune fille, dites-moi : pourquoi pleurez-vous?

— Seigneur chevalier, bien volontiers vous le dirai.

*

Aet eo an tiegezh-mañ da goll
Aboe m'eo aet ar mab en e roll.

Ne oa ket he c'homz peurechuet,
Ur plac'h yaouank a zo diskennet;

Ha damsellout outañ pa reas
Da skuilhañ daeroù en em lakas :

— Plac'hig yaouank, din-me lavarit,
Petra c'hoarvez ganeoc'h, pa ouelit?

— Aotrou marc'heg, deoc'h e larin-me
Petra c'hoarv ganin pa ouelan-me :

Ur breur en oad ganeoc'h am eus bet
Dek vloaz 'zo da varc'heg ez eo aet,

Ha ken lies gwech marc'heg 'welan
Ken lies gwech, aotrou, e ouelan;

Ken lies gwech, siwazh din! 'ouelan;
Gant koun eus va breurig paour en gran!

— Va merc'hig koant, din-me lavarit,
Na breur all, na mamm n'hoc'h eus-hu ket?

— Breur all war an douar n' em eus ket,
Er Baradoz ne lavaran ket;

Ha va mamm baour ivez 'zo aet di,
Nemedon gant va magerez en ti;

Mont a reas kuit gant ar glac'har
Pa'z eas va breur da varc'heg, m'en goar,

He gwele 'zo c'hoazh 'tu-all d'an nor,
Hag e korn an oaled he c'hador;

J'avais un frère de votre âge. Voilà dix ans qu'il est parti mener la vie de chevalier. Chaque fois que j'en rencontre un, chaque fois je pleure, seigneur.

Chaque fois je sens mon malheur et je pleure en pensant à mon pauvre frère cadet.

*

— Belle enfant, n'avez-vous d'autre frère? Belle enfant, n'avez-vous de mère?

— D'autre frère n'en ai point sur terre. Dans le ciel je ne dis pas.

Ma pauvre mère, elle aussi, est montée au ciel. Dans la maison je reste seule avec ma nourrice.

Ma mère est partie de chagrin, je le sais, quand mon frère s'en est allé devenir chevalier.

Voyez, voici son lit dans l'autre salle et sa chaise près du foyer. Je porte sur moi sa croix bénite, qui console mon pauvre cœur en ce monde.

*

Le seigneur Lez-Breiz a gémi bien bas, mais si fort que la demoiselle lui dit :

— Vous aussi, auriez-vous perdu votre mère? Pourquoi pleurez-vous en m'écoutant?

— Moi aussi j'ai perdu ma mère et c'est moi-même qui l'ai tuée.

— Seigneur, au nom du ciel, si vous avez commis cela, qui êtes-vous? Quel est votre nom?

— Mon nom : Morvan, fils de Konan. Lez-Breiz est mon surnom, ma sœur! »

Stupéfaite, la demoiselle demeura sans geste, sans voix. Si émue fut la jeune fille qu'elle allait mourir, croyait-elle.

Enfin Lez-Breiz lui jeta les bras autour du cou. Ses lèvres rencontrèrent les lèvres de sa sœur le serrant si fort dans ses bras, le mouillant de ses larmes :

— Dieu t'avait éloigné et Dieu t'a ramené! Il eut pitié de moi. Dieu soit béni, mon frère! »

Ha ganin-me he c'hroaz benniget,
Frealz va c'halon baour war ar bed.

*

An aotrou Lez-Breizh a hirvoude
Ken e lavaras ar plac'h neuze :

— Ho mamm ivez hoc'h eus-hu kollet,
O selaou ac'hanon pa ouelit?

— Ya, va mamm ivez am eus kollet,
Ha me va-unan 'm eus he lazhet!

— 'N an' Doue! aotrou, m'hoc'h eus en graet,
Piw oc'h-hu, ha penaos oc'h anvet?

— Morvan, ab-Konan, eo va eno,
Ha Lez-Breizh, va c'hoar, va lesano.

Ken estonet e voe ar plac'hig
Ken na fiche, na lavare grik,

Ken estonet e voe ar plac'hig
Ken e vennas ganti mervel mik;

Met e zivrec'h d'he goug a daolas
Hag e veg d'he begig a lakas,

Hag e vriata hi a reas,
Hag en he daeroù hi e veuzas :

— Doue en devoa da bellaet,
Ha Doue en deus da dostaet!

Ra vezo, va breur, meulet Doue,
Rak truez en deus bet ouzhin-me!

III

MARC'HEG AR ROUE

Etre Lorgnez ha marc'heg Lez-Breizh
Ez eus bet tonket un emgann reizh :

Doue da roy gonid d'ar breizhad,
Ha d'ar re 'zo er gêr keloù mat!

An aotrou Lez-Breizh a lavare
D'e floc'hig yaouank, un deiz a voe :

— Dihun, va floc'h, ha sav alese,
Ha kae da spurañ din va c'hleze,

Va zok-houarn, va goaf ha va skoed,
D'o ruziañ e gwad ar C'hallaoued.

Gant skoazell Doue ha va divrec'h
Me o bounto c'hoazh hizio d'an nec'h!

— Va aotrou mat, din-me lavarit,
Ha d'an emgann d'hoc'h heul ned in ket?

— Ha petra lavarfe da vamm ger
Ma ne zistrofes ket mui d'ar gêr?

Ma redfe da wad war an douar,
Piw 'lakafe termen d'he glac'har?

III

LE CHEVALIER DU ROI

Il a été convenu un grand combat selon les règles entre le seigneur Lorgnez et le chevalier Lez-Breiz.

Dieu donne la victoire au champion breton et nouvelles de joie à ceux qui demeurent au pays!

A son jeune écuyer le seigneur Lez-Breiz commandait un jour :

— Éveille-toi, lève-toi! Va me fourbir mon épée, aussi mon casque, ma lance et mon bouclier. Du sang des Francs je veux les rougir!

Dieu m'aide et mes deux bras! Aujourd'hui de nouveau je les ferai sauter, les Francs!

— Mon bon seigneur, dites-moi : n'irai-je avec vous au combat?

— Que dirait-elle, ta pauvre mère, si tu ne revenais à la maison, si ton sang coulait sur la terre qui éteindrait sa douleur?

— Par Dieu, seigneur, si vous m'aimez vous m'accorderez d'aller au combat.

Je ne crains pas les Francs. Dur est mon cœur et tranchant mon aicer.

Qu'on l'accorde ou qu'on le refuse, où vous irez j'irai aussi! Où vous combattrez, moi je combattrai!

*

Le chevalier Lez-Breiz chevauchait au combat. Son jeune page était toute sa suite.

— 'N an' Doue! aotrou, mar am c'harit,
D'an emgann am lezfot da vonet.

N'em eus ket aon rak ar C'hallaoued,
Kriz eo va c'halon, va dir lemmet.

Bezet droug gant an neb a garo,
E-lec'h ma'z efot me a yelo,

E-lec'h ma'z efot me a yelo;
'Lec'h ma vrezelfot, me 'vrezelo.

*

— Klevit-hu? 'Mañ Lez-Breizh o tonet,
Ha gantañ 'vefe strollad fardet?

N'eus dindanañ met un azen gwenn,
Ur c'habestrig kanab en e benn,

Hag ur floc'h bihan en e gichen,
Met ên, hervez ar vrud, ur gwall-den!

Floc'h bihan Lez-Breizh 'dal m'o gwelas
Tost-oc'h-tost d'e vestr 'n em riblas.

— Sellit-hu! Lorgnez o tont en hent,
Ur stroll marc'heien 'n e ziagent!

Ur stroll marc'hen a-dreñv e gein;
Dek 'zo, ha dek all, ha dek ouzhpenn,

O tegouezhout gant ar c'hoad kelenn!
Bec'h a vo, mestr paour, o'n em zifenn.

— Gwelout pet 'vo anezho 'ri-te
Pa'z o devo tañvaet va dir-me.

Stok da gleze, floc'h, ouzh va c'hleze,
Ha deomp-ni war-raok en o bete.

Le chevalier passa près sainte-Anne d'Armor et entra dans l'église.

— Ô sainte Anne, ô Dame bénie, bien jeune je priai ici. Je n'avais pas vingt ans encore. A vingt combats j'avais été. Tous gagnés par votre secours, Dame bénie!

Mère Sainte Anne, si je reviens je vous offrirai un présent. Un présent d'un cordon de cire long trois fois, le tour des murs de votre église.

Trois fois le tour de votre église, trois fois le tour du cimetière, trois fois le tour de votre terre.

Vous offrirai une bannière de velours et de satin blanc en haut d'une hampe d'ivoire poli.

Vous offrirai sept cloches d'argent joyeuses chantant nuit et jour dessus votre tête. Et j'irai trois fois, à genoux, puiser de l'eaù pour emplir votre bénitier.

Sainte-Anne lui répond : — Va au combat, chevalier Lez-Breiz, au combat j'irai avec toi! »

*

— Entendez-vous? disaient-ils. Voici Lez-Breiz qui arrive! Sans doute est-il suivi d'une armée bardée de fer.

Mais voyez : Lez-Breiz monte un petit âne blanc. La bride est un licou de chanvre.

Pour suite : un petit écuyer. Mais on le dit homme terrible! »

Le jeune écuyer, les voyant, se serra au plus étroit contre son maître et il disait :

— Seigneur, c'est Lorgnez qui vient avec escorte de guerriers. Derrière lui toute sa troupe : sont dix et dix et dix encore. »

Sont près du bois de châtaigniers. Comment pourrons-nous nous défendre?

— Tu iras les voir et compter quand ils auront goûté l'acier.

Ton épée contre mon épée. Frottons les l'une à l'autre, enfant, et marchons à eux!

*

— A! De-mat dit-te, marc'heg Lez-Breizh.
— A! De-mat dit-te, marc'heg Lorgnez.

— Ha deut out da-unan d'an emgann?
— N'on ket deuet d'an emgann va-unan;

D'an emgann va-unan ned an ket,
Santez Anna 'zo ganin kevret.

— Dont a ran-me a-berzh ar Roue
Da lemel diganit da vuhez.

— Kae war da giz! Lavar d'az Roue
E ran fae outañ, 'vel ouzhit-te;

Me 'ra fae outañ 'vel ouzhit-te,
'Vel ouzh da gleze, 'vel ouzh da re.

Kae da Baris e-mesk ar merc'hed
Da zougen da zilhad alaouret;

'Hend-all e lakin da wad ken yen
Ha ma'z eo an houarn pe ar maen.

— Marc'heg Lez-Breizh, din-me lavarit
E pe goad ez oc'h-hu bet ganet?

Disterañ mevel a zo em bandenn
A lemfe ho tok diwar ho penn.

Lez-Breizh a-dal m'en deus e glevet,
E gleze bras en deus dic'houinet.

— Ma n'ec'h eus ket anavet an tad,
Me 'ray dit anaout ar mab, anat!

114

*

— Hé, bonjour à toi, chevalier Lez-Breiz!
— Hé, bonjour à toi, chevalier Lorgnez!
— Viens-tu seul au combat?
— Au combat je ne viens pas seul. Sainte Anne est avec moi.
— Par ordre de mon roi, je viens t'ôter la vie.
— Retourne sur tes pas! Et dis à ton roi que je me moque et de lui et de toi.
Oui, de lui et de toi. Et de ton épée et des tiens!
Retourne plutôt à Paris y porter des habits dorés parmi les femmes,
Sinon je te ferai ton sang aussi froid que la terre ou la pierre.
— Chevalier Lez-Breiz, dites-moi : en quelle forêt avez-vous vu le jour?
Le dernier de mes valets ferait sauter votre casque de dessus votre tête! »
Entendant ces paroles, Lez-Breiz tira sa grande épée,
— Si le père tu n'as connu, je te ferai connaître le fils! »

*

Debout sur le seuil de sa hutte, le vieil ermite de la forêt parlait ainsi avec douceur à l'écuyer de Lez-Breiz :
— Courez bien vite à travers la forêt;
Votre armure est souillée de sang et de boue.
Mon enfant, venez dans mon ermitage vous laver, vous y reposer.
— Non pas me laver ni me reposer. Je veux trouver une fontaine.
Ici je veux trouver de l'eau pour désaltérer mon jeune maître, tombé au combat, épuisé de fatigue,
Treize guerriers tués sous lui. Le chevalier Lorgnez tué tout le premier.
Moi, j'en ai abattu autant et les autres ont pris la fuite.

*

Ermit ar c'hoad war dreuzoù e gell,
Da floc'h Lez-Breizh a lavare hael :

— Tizh 'zo warnoc'h o redek ar c'hoad,
Saotret hoc'h harnez gant poultr ha gwad;

Deuit, mabig, tre em minic'hi,
Da ziskuizhañ ha d'en em walc'hiñ.

— 'Mañ ket ar c'houlz d'en em walc'hiñ,
'Met da gaout ur feunteun, hep si;

Kaout dour dre 'mañ d'am mestr yaouank,
Hag eñ kouezhet en emgann skuizh-stank,

Trizek soudard lazhet dindanañ,
Marc'heg Lorgnez lazhet da gentañ!

Ha me 'm eus diskaret kemend-all :
Tec'hout kuit o deus graet ar re all!

*

Breizhad en e galon ne vije
An neb, gwalc'h e galon na c'hoarzhje,

O welout ar geot glas ruziet
Gant gwad ar C'hallaoued milliget.

An aotrou Lez-Breizh, en e goazez,
O tiskuizhañ, outo a selle.

Kristen en e galon ne vije
E Santez Anna, neb na ouelje

O welout an iliz o c'hlebiañ
Gant daoulagad Lez-Breizh o ouelañ,

*

Il n'eût pas été Breton dans son cœur qui de tout son cœur n'aurait ri
Voyant l'herbe rougie du sang des Francs maudits.

Le seigneur Lez-Breiz assis près de là regardant les morts.

Il n'eût pas été Breton dans son cœur qui n'eût pas pleuré à Sainte-Anne

En voyant l'église mouillée des larmes qui tombaient des yeux de Lez-Breiz,

De Lez-Breiz pleurant à genoux, remerciant la vraie patronne de la Bretagne.

— Grâces vous soient rendues, ô mère Sainte-Anne! C'est vous qui avez remporté cette victoire!

*

En mémoire du combat a été composé ce chant.

Qu'il soit chanté par les hommes de Bretagne en l'honneur du bon seigneur Lez-Breiz!

Qu'il soit chanté longtemps et au loin à la ronde pour réjouir tous ceux du pays!

War e zaoulin o ouelañ Lez-Breizh
O trugarekaat gwir warez Breizh :

— Trugarez deoc'h! Mamm Santez Anna!
C'hwi hoc'h eus gonezet an taol-mañ!

*

Da zerc'hel koun mat eus an emgann
Eo bet savet ar barzhoneg-mañ.

Ra vezo kanet gant 'n dud a Vreizh
En enor d'an aotrou mat Lez-Breizh!

Ra vezo kanet pell tro-war-dro
Da lakaat laouen holl dud ar vro!

IV

MORIAN AR ROUE

Roue ar C'hallaoued 'lavare
Da aotronez e lez, ur mare :

— Hennezh a aotreo din gwir feiz
A zeuio a-benn eus a Lez-Breizh.

C'hoari enep din-me ne ra ken,
Kenkoulz ha lazhañ va marc'heien.

Morian ar Roue 'dal m'e glevas
Dirak tal ar Roue a savas :

— Aotroù, deoc'h em eus rentet gwir feiz,
Ha profet testeni alies;

Hogen pa vennit, hizio an deiz
Da dest e servijo c'hoazh Lez-Breizh.

Mar ne gasan deoc'h warc'hoazh e benn
'Vo da din kas va hini laouen.

*

Floc'hig Lez-Breizh, antronoz beure,
A rede d'e gaout aonik-tre :

— Morian ar Roue a zo deuet,
Hag ho tichekañ-hu en deus graet.

LE MORE DU ROI

Un jour le roi des Francs disait aux seigneurs de sa cour :
— Celui-là me rendra hommage véritable qui viendra à
bout du chevalier Lez-Breiz, qui rien ne fait que me combattre et frapper à mort mes guerriers. »

Quand le More du roi entendit ces paroles, il se leva,
droit en face du souverain.

— Sire, je vous ai rendu un hommage sincère. Souvent
je vous en ai donné des témoignages.

En ce jour le chevalier Lez-Breiz en sera un de plus,
selon votre désir. »

*

Le lendemain, de grand matin, le jeune écuyer du chevalier Lez-Breiz courait, tremblant, trouver son maître :

— Le More du roi est venu et vous a jeté le défi!

— S'il m'a défié, à son défi je répondrai!

— Seigneur, ne le savez-vous pas, le More du roi combat armé des charmes du démon.

— Si le More combat ainsi, nous autres combattrons
avec l'aide de Dieu.

121

— Mar va dichekañ-me en deus graet
Monet war e zichek din 'zo ret.

— Aotroù kaezh, ne ouzoc'h ket 'ta?
Dre ard an Diaoul eo 'r c'hoari a ra.

— Mar d-eo dre ard an Diaoul e c'hoari,
Dre gennerzh Doue e c'hoarifomp-ni !

Kae prim da sterniañ va marc'h du din,
Keit ha ma vin, o'n em harneziñ.

— Sal-ho-kras, Aotrou, mar am c'hredit,
War ho marc'h du ne c'hoarifot ket.

Tri marc'h 'zo d'ar Roue 'n e varchosi,
C'hwi 'po an dibab anezho 'zri :

Ha mar d-eo da deoc'h va c'hlevout-me,
Diskuliañ deoc'h ur rin a rin-me;

Gant ur c'hloareg kozh 'm eus e glevet,
Un den Doue, ma'z eus war ar bed;

Ar palafrez gell na gemerfot
Nag ar palafrez gwenn kennebeut;

Ar palafrez gwenn na gemerfot,
An hini du ne lavaran ket;

Hennezh a zo etrezo e-kreiz,
E zoñver eo, Morian ar Roue.

Mar am c'hredit, kemerit 'nezhañ
Evit monet d'an emgann gantañ.

Pa zeuio ar Morian tre er sal
E taolo d'an douar e vantell;

Cours m'équiper mon cheval noir! Je vais me vêtir de mes armes.

— Seigneur, sauf votre grâce, si m'en croyez, vous ne combattrez pas sur votre cheval noir.

Il y a trois chevaux dans l'écurie du Roi. L'un de ces trois vous choisirez.

S'il vous plaît m'écouter je vous apprendrai un secret. Me l'a enseigné un vieux clerc. C'est un homme de Dieu s'il en est un au monde.

Vous ne choisirez ni le cheval bai ni le cheval blanc. Je vous dis : ni le cheval blanc, mais le cheval noir il se peut.

Dans l'écurie du Roi, le noir est placé entre les deux autres. Lui-même le More l'a dompté. Si vous m'en croyez, c'est celui-là que vous prendrez pour aller combattre le More.

Quand il entrera dans la salle, le More jettera son manteau à terre. Le vôtre vous ne jetterez mais le suspendrez seulement.

Si vous mettez vos habits sous les siens, doublera la force du géant noir.

Quand le géant noir vous attaquerez avec le fût de votre lance, vous ferez sur vous le signe de la croix. Quand plein de rage, furieux sur vous il fondra, vous le recevrez du fer de la lance.

Avec l'aide de vos deux bras, le secours de la Trinité, votre lance ne rompra dans vos mains.

*

Non, elle ne rompit en ses mains, avec l'aide de ses deux bras, le secours de la Trinité.

Na daolit ket ho mantell d'an douar,
Met lakit anezhi war ur barr.

Mar laka e zilhad war ho re
E teuio ar Ronfl du kreñv-ouzh-kreñv.

Ha pa zeuio warnoc'h ar ronfl du
Gant prenn ho koaf en em groazfot-hu;

Ha neuze pa lammo foll ha taer
C'hwi lakay ho koaf d'e zegemer;

Dre nerzh ho tivrec'h hag an Dreinded,
Ho koaf en ho torn ne vrevo ket.

*

E c'hoaf en e zorn ne vrevas ket
Dre nerzh e zivrec'h hag an Dreinded!

E c'hoaf en e zaouarn ne flache,
Pa varc'hekae 'n eil ouzh egile;

Pa varc'hekaent er sal, tal ouzh tal,
Beg ouzh beg ho goafioù herrus-dall;

Herrus-dall o c'hezeg o fronat,
O'n em dantañ ken e strinke gwad.

Ar roue gall, hag eñ kadoriet,
Gant e dudjentil veur o sellet,

O sellout hag o lavarout : Dalc'h!
Dalc'h mat! Morvran du, gra gant ar voualc'h!

Pa lamme gantañ ar ronfl ken taer
Hag an tourmant ruz war ul lestr-mor,

E c'hoaf en e zorn ne flachas ket;
Met goaf ar Morian 'zo bet brevet,

Sa lance en ses mains ne tremblait, quand ils chevauchèrent à fond l'un contre l'autre.

Quand ils chevauchaient dans la salle, front contre front, fer contre fer, leurs rapides lances aveugles en arrêt.

Si rapides, aveugles, leurs coursiers hennissant, tous deux s'entremordant, faisant le sang jaillir.

Assis dessus son trône, le roi franc regardait, entouré de ses nobles.

Le roi franc regardait et disait : « Tiens bon, noir corbeau de mer ! Plume-moi bien ce merle ! »
Mais quand le géant assaillait Leiz-Breiz, comme la tempête assaille le vaisseau, la lance de Lez-Breiz en sa main ne tremblait. Celle qui se brisa fut la lance du More.

La lance vola en éclats. Le More durement jeté à terre.

Lorsqu'ils furent à pied tous deux, ils se battirent avec rage, Se donnant si grands coups d'épée que les murs tremblaient d'épouvante.

Leurs armes étincelaient comme fer rouge sur l'enclume. Si bien fit Lez-Breiz que, découvrant le jour, il enfonça l'épée dans le cœur du géant.

Et s'écroula le More. Sa tête rebondit sur le sol. Lez-Breiz lui posa le pied sur le ventre

Pour mieux retirer son épée, puis coupa la tête du More.

Quand il eut coupé cette tête, au pommeau de sa selle, Lez-Breiz l'attacha. Au pommeau de sa selle Lez-Breiz l'attacha par la barbe de tresses grises.

Voyant le sang du More sur son épée, au loin de lui il la jeta.

Ken e voe goaf ar ronfl skiriennet,
Hag eñ en un taol-skarzh divarc'het.

Ha pa voent war droad war al leurdi,
'N em ziarbennent gant distalm kriz,

Ha gant ar c'hleze en em fustent
Ken e`krene 'r murioù gant ar spont,

Ken e taole tan o armoù
Evel houarn ruz war annevoù.

Ken na gavas an tu ar Breton
Da blantañ e gleze 'n e galon,

Ken e kouezhas Morian ar Roue
Ha ma stokas e benn gant ar pavez.

Ha Lez-Breizh 'dal m'en deus en gwelet
E droad war e gof 'n deus laket,

E gleze digantañ 'n deus tennet,
Ha penn ar Morian 'n deus troc'het,

Ha penn ar Morian bet troc'het
Ouzh penn e zibr en deus en staget,

Ouzh penn e zibr en deus en staget
Dre e varo louet ha plezhet.

Met e gleze gwadek pa welas
Eñ, pellañ ma c'hellas, en taolas :

— Fae eo ganin dougen ur c'hleze
Saotret e gwad Morian ar Roue!

Hag eñ da bignat war e varc'h feul,
Hag er-maez, gant e floc'hig d'e heul.

— Moi, porter une épée souillée par le sang du More du roi ! »

Lez-Breiz enfourcha son cheval, puis il sortit, son écuyer derrière lui. Et, de retour dans sa maison, détacha la tête du More.

Attacha la tête à la porte, que les Bretons la puissent voir.

Chose hideuse : la tête, peau noire et dents blanches, effrayaient tous ceux qui passaient, ceux qui passaient et regardaient sa bouche ouverte qui baillait.

Les guerriers qui passaient disaient : — Le Seigneur Lez-Breiz, voilà un homme ! »

Le Seigneur Lez-Breiz, lors, parla ainsi :

— J'ai pris ma part à vingt combats. Plus de mille hommes j'ai vaincu. Tant de mal, non, jamais n'ai eu que le More m'en a donné.

Dame Sainte-Anne, chère mère, combien vous faites de merveilles !

Une maison de prière je vous ferai bâtir, sur la hauteur entre les rivières du Léguer et du Guindy.

Ha d'ar gêr 'vel ma voe degouezhet,
Penn ar Morian en deus distaget,

Hag ouzh e zor en deus en staget
Da reiñ da sellout d'ar Vretoned.

Sell euzhus! Du e zremm, gwenn e zent,
Ken e sponte neb a oa en hent,

Neb a oa en hent hag a selle
Ouzh e veg digor a vazailhe.

Ken e lavare ar varc'heien :
— An Aotrou Lez-Breizh a zo un den!

Hag an aotrou Lez-Breizh, a-neuze,
A lavare ivez evel-se :

— En ugent stourmad ez on-me bet,
Hag ouzhpenn mil den am eus trec'het,

Biskoazh n'em boe kement a boan
Evel o c'hoari ouzh ar Morian.

Itron santez Anna, va mamm ger,
C'hwi a ra burzhudoù em c'heñver!

Me a savo deoc'h un ti-bediñ
War grec'h, etre Leger ha Gindi.

LE TRIBUT DE NOMÉNOÉ

Noménoé, le plus grand roi que la Bretagne ait eu, poursuivit l'œuvre de la délivrance de sa patrie, mais par d'autres moyens que ses prédécesseurs. Il opposa la ruse à la force; il feignit de se soumettre à la domination étrangère, et cette tactique lui réussit pour arrêter un ennemi dix fois supérieur en nombre. L'empereur Charles dit le Chauve, fut pris à ses démonstrations d'obéissance. Il ne devinait pas que le chef breton, comme tous les hommes politiques d'un génie supérieur, savait attendre. Quand vint le moment d'agir, Noménoé jeta le masque; il chassa les Francs au-delà des rivières de l'Oust et de la Vilaine, recula jusqu'au Poitou les frontières de la Bretagne, et, enlevant à l'ennemi les villes de Nantes et de Rennes, qui, depuis, n'ont jamais cessé de faire partie du territoire breton, il délivra ses compatriotes du tribut qu'ils payaient aux Francs (841).

H.V.

DROUKKINNIG NEVENOIOU

An aourieotenn 'zo bet falc'het,
Brumenniñ raktal en deus graet.
— Argad! —

— Brumenniñ 'ra, a lavare
An ozac'h meur eus lein 'n Are.
— Argad! —

Teir sizhun ma vrumenn teñval
Ken teñval, war duioù Bro-C'hall,

Ken n'hallan gwelout e nep giz
Va mab o tonet war e giz.

Marc'hadour mat o vale bro
Ha klevjout-te roud eus Karo?

— Bout a-walc'h, tad kozh an Are,
Ha penaos eo, ha pe zoare?

— Den a skiant, den a galon,
Aet gant ar c'hirri da Roazhon,

Aet da Roazhon gant ar c'hirri,
Kezeg-tenn outo tri ha tri,

Ha kinnig Breizh ganto hep si,
Rannet mat etre pep hini.

LE TRIBUT DE NOMÉNOÉ

L'herbe d'or est fauchée. Il a bruiné soudain. Bataille!

— Il bruine disait le grand chef du sommet des monts d'Arrée. Bataille!

Il bruine depuis trois semaines, bruine de plus en plus grise du côté des pays des Francs.

Si épaisse que je ne puis apercevoir mon fils qui s'en revient vers moi.

— Toi, marchand qui cours le pays, quelles nouvelles de Karo, mon fils?

— Il se peut, vieux chef des montagnes. Dis-moi : Comment est ton fils? Que fait-il?

— Mon fils est un homme de sens et de cœur. Il est parti conduire à Rennes les charriots,

Conduire à Rennes les charriots traînés par des chevaux attelés trois par trois,

Portant sans fraude le tribut de la Bretagne au chef des Francs.

— Si votre fils est parti porter le tribut, c'est en vain, je dis, que vous l'attendrez :

— Mar d-eo ho mab ar c'hinniger,
E c'hortoz 'refot en aner,

Pa'z ejod da bouezañ 'n arc'hant,
Fallout a eure tri war gant,

Ken e lavaras ar merer :
Da benn, gwaz, a ray an afer!

Ha pegañ 'n e gleñv en deus graet,
Ha penn ho mab en deus troc'het.

Hag en e vlev en deus kroget
Hag er skudell 'n deus en taolet.

An ozac'h kozh 'dal m'e glevas
'Voe tost dezhañ ken na semplas;

War ar garreg e kouezhas krenn,
Kuzhet e zremm gant e vlev gwenn,

E benn 'n e zorn, o leñvañ meur :
— Karo, va mab, va mabig paour!

*

An ozac'h meur 'zo 'vont en hent,
Gantañ war e lerc'h e gerent,

An ozac'h meur 'zo 'vont e-biou
E-biou kêr-veur Nevenoioù.

— Lavarit-hu din, penn-porzhier,
Hag-eñ 'mañ an Aotrou er gêr?

— Pe emañ eñ, pe n'emañ ket,
Doue d'en dalc'ho e yec'hed!

N'oa ket peurlavaret e c'her
M'eo degouezhet 'n aotrou er gêr,

A la pesée d'argent il manquait trois livres sur cent.

Et l'intendant des Francs a dit : — Vassal, ta tête fera le poids!

L'intendant a tiré l'épée. Il a tranché la tête de votre fils.

La tête il a prise par les cheveux. Dans la balance il l'a jetée.

Entendant telle nouvelle, le vieux chef manqua s'évanouir.

D'un coup tomba sur le rocher, cheveux blancs cachant son visage.

La tête enfouie dans ses mains en gémissant il s'écria :

— Karo, mon fils, pauvre cher fils! »

*

Le grand chef va son chemin. Derrière lui tous ceux de sa famille.

Le grand chef approche du château de Noménoé.

— Chef des gardiens, le maître est-il en sa maison?

— Qu'il soit ici ou n'y soit pas, Dieu le garde en bonne santé! »

Le gardien parlant ainsi, le seigneur rentra au château,

Retour de chasse derrière ses grands chiens joueurs

Son arc en main, la dépouille d'un sanglier dessus l'épaule

Degouezhet er gêr a chaseal,
E chas bras 'raozañ o vragal,

E wareg en e zorn gantañ
Hag ur pemoc'h gouez war e skoaz,

Ha fresk-bev ar gwad o redek
War e zorn gwenn dimeus e veg.

— Mad deoc'h! Mad deoc'h! Meneziz da!
Ha deoc'h, ozhac'h meur, da gentañ!

Petra c'hoarvezet a nevez?
Petra ganeoc'h diganin-me?

— Deut omp da c'houl hag-eñ 'z eus ur Reizh,
Un Doue en neñv, un tiern e Breizh?

— Un Doue 'zo en neñv, a gredan,
Un tiern e Breizh, ma c'hellan.

— An neb a venn, hennezh a c'hall,
An neb a c'hall, 'argas ar Gall,

'Argas ar Gall, a harp e vro,
Hag eviti taer a daero,

Kenkouls evit bev ha maro,
Evidon ha va mab Karo,

Va mabig Karo dibennet
Gant ar Gall eskumunuget,

Dibennet e benn melen-mell
Da beurgompezañ ar skudell!

Hag eñ da ouelañ, ken e veras
E zaeroù betek e varv glas;

Dont le sang frais et tout vivant coulait de la gueule sur la main blanche.

— Salut à vous! Salut, montagnards! Salut d'abord à vous, grand Chef!

Quelles nouvelles? Que voulez-vous de moi?

— Nous venons connaître de vous s'il existe une justice. S'il est un Dieu au ciel et un chef en Bretagne?

— Un Dieu au ciel, oui, je le crois. Un chef en Bretagne si je puis.

— Celui qui veut peut accomplir! Celui qui peut chasser le Franc

Chasse le Franc pour en défendre sa patrie! Et le venge et le vengera!

Vengera les vivants, les morts! Me vengera, vengera Karo, mon enfant.

Karo, mon pauvre fils, la tête tranchée par le Franc excommunié,

La tête tranchée dans sa fleur. Tête blonde comme le miel.

Jetée dans le plateau pour assurer le poids! »

Et le vieil homme de pleurer. Les larmes coulaient dans la barbe grise.

Les larmes brillaient comme la rosée sur un lys au soleil levant.
Quand le seigneur vit telle chose, il fit un serment terrible et sanglant.

137

Ken e lugernent evel glizh
War vleuñ lili pa strink an deiz.

An aotroù p'en deus en gwelet
Touiñ ruz-spontus en deus graet :

— Me en tou dre benn an hoc'h-mañ
Hag ar saezh 'flemmas anezhañ,

Kent ma walc'hin gwad va dorn dehoù
Em bo gwalc'het gouli ar vro!

*

An Nevenoioù en deus graet
Pezh na reas biz tiern ebet :

Mont gant seier war an aodoù
'Vit dastum eno meinigoù,

Meinigoù da gas da ginnig
Da verer ar Roue moalik.

An Nevenoioù en deus graet
Pezh na reas biz tiern ebet :

Houarnañ e varc'h gant arc'hant fin,
Hag e houarnañ war an tu-gin.

An Nevenoioù en deus graet
Pezh na ray biken tiern ebet :

Monet da baeañ ar c'hinnig
Evitañ da vout pennvedig.

— Digorit frank perzhier Roazhon
Ma'z in tre e Kêr war-eeun,

An Nevenoioù 'zo amañ
Kirri leun a arc'hant gantañ.

— Par la tête de ce sanglier, je le jure; par la flèche qui l'a percé,

Avant que je lave le sang qui tache ma main droite, j'aurai lavé la plaie de ce pays! »

*

Noménoé a fait ce que nul chef ne fit jamais :

Au bord de la mer le chef est allé

Portant des sacs pour en charger des cailloux.

Pour en charger des cailloux qui seront le tribut offert au roi chauve des Francs.

Noménoé a fait ce que nul chef ne fit jamais :

Son cheval il a fait ferrer d'argent poli. Il l'a fait ferrer à rebours.

Noménoé a fait ce que nul chef ne fit jamais :

Bien qu'il soit prince, est lui-même allé porter le tribut.

— Ouvrez grandes à deux battants les portes de Rennes, que je puisse entrer dans la ville!

C'est le seigneur Noménoé qui est ici avec des charriots pleins d'argent.

— Descendez, seigneur! Entrez dans le château. Vos charriots demeureront dans les remises.

Les écuyers ménageront votre cheval blanc. Vous viendrez souper dans la haute salle.

Oui, vous viendrez souper. Tout d'abord laverez vos mains? Voici que l'on corne l'eau. L'entendez-vous?

139

— Diskennit, Aotrou, deut en ti,
Ha list ho kirri er c'harrdi,

Ha list ho marc'h gwenn gant ar flec'h
Ha deut-hu da goaniañ d'an nec'h.

Deut da goaniañ, d'en em walc'hiñ,
Kornañ 'reer an dour, klevit-c'hwi?

— 'N em walc'hiñ a rin bremaik
Pa vo bet pouezet ar c'hinnig.

Kentañ sac'h a voe degaset,
Ar pouez ennañ a voe kavet,

An eil sac'h a voe degaset,
Kompez ivez e voe kavet;

'N trede sac'h 'voe pouezet : Hola!
Hola! Hola! Mankout a ra!

Ar merer kerkent m'en gwelas
E zorn war ar sac'h 'astennas;

El liammoù e krogas krenn
O klask an tu d'o dieren.

— Gortoz, gortoz, aotrou merer,
Va c'hleze o zroc'ho e-berr!

N'oa ket e gomz peurlavaret
Ma oa e gleze dic'houinet,

Ha gant penn ar Gall daoubleget
'Rez e ziwskoaz en deus skoet,

Ken e troc'has kig hag elfoù
Hag ur chadenn d'ar balañsoù.

Ma kouezhas er skudell ar penn
Hag hi kompez mat evel-henn.

— Je me laverai les mains dans un instant, seigneur, quand le tribut aura été pesé.

Le premier sac que l'on porta, (c'était un sac bien ficelé)

Le premier sac que l'on porta, on y trouva le juste poids.

Le second sac que l'on porta, on y trouva le poids de même.

Le troisième sac on le pesa. « Ohé, le poids n'y est pas ! »

Dit l'intendant, de sa main désignant le sac

Dont il saisit vite les liens, s'efforçant à les dénouer.

— Attends, seigneur intendant, je dénouerai de mon épée.

A peine le seigneur avait-il parlé que l'épée sortait du fourreau

Frapper au ras des épaules la tête du Franc courbé sur le sac,

Tranchant la chair et les nerfs et l'une des chaînes de la balance.

La tête chut dans le plateau; le poids fut ainsi ajusté.

Toute la ville est en rumeur. Qu'on saisisse qui a tué !

Il fuit, il fuit ! Portez des torches qu'on le poursuive

Portez des torches ! C'est nuit noire, chemin glacé

— Mais je crains que vous n'usiez vos chaussures à me poursuivre,

Hogen sellit-hu trouz e kêr :
— Harz al lazher! Harz al lazher!

'Mañ kuit! 'Mañ kuit! Degasit gouloù!
Demp timat da heul e roudoù!

— Degasit gouloù! Mat a refot,
Du an noz hag an hent skornet!

'M eus aon 'uzfot ho potoù
en ur redek war va roudoù,

Ho potoù lêr glas alaouret...
Ho skudilli n'uzfot ket ken

Ho palañsoù gwech ebet ken
O pouezañ mein ar Vretoned.
— Argad! —

Vos chaussures de cuir bleu doré. Vos balances, elles, vous ne les userez plus!

Non, vous n'userez plus vos balances d'or à peser les pierres du tribut des Bretons!
Bataille!

BRAN

Ar Marc'heg Bran 'zo bet tizhet
E kad Kerlouan ma'z eo bet,

E kad Kerlouan 'tal ar mor
'Voe tizhet mab bihan Bran Vor.

Ha daoust d'hon trec'h 'voe kemeret
Ha tramor e voe degaset.

Ha pa voe tramor degouezhet
Eñ a ouele 'n un tour serret :

— Va c'herent a drid hag a youc'h,
Ha me war va gwele! A, you!

Me 'garfe kaout ur c'hannader
A zougfe d'am mamm ul lizher.

D'ar c'hannader pa voe kavet
Ar marc'heg en deus kemennet :

— Dilhad all, va den, a wiski,
Dilhad klasker-boued a-zevri;

Va bizoù 'gemeri ivez,
Va bizoù aour evel arouez.

LE CHEVALIER BRAN

Le chevalier Bran a été blessé, a été blessé au combat de Kerloan.

Au combat de Kerloan, livré au bord de la mer, a été blessé le petit-fils de Bran-le-Grand.

Si nous avons été victorieux, Bran a été capturé, emmené au-delà des mers.

Et au-delà des mers, prisonnier dans une tour. Là il pleura :

— Ma famille frémit de joie, poussant des cris. Moi, hélas, je gis dessus mon lit!

Ah, puissé-je trouver un messager qui porte message à ma mère!

Le messager on le trouva. Le guerrier lui recommanda :

— Messager, prends un autre habit. Celui d'un mendiant, par prudence.

Prends avec toi ma bague d'or. Elle te fera reconnaître.

Quand tu seras venu dans mon pays, cette bague tu montreras à madame ma mère.

Si d'elle tu apprends qu'elle vient porter ma rançon, au sommet du mât, messager, tu feras flotter un pavillon blanc.

Mais si, hélas, ma mère ne vient, tu feras flotter un pavillon noir. »

*

Quand le messager arriva au pays de Léon, la dame était occupée à souper,

Ha d'am bro 'dal ma tegouezhi
D'am mam itron en diskouezi.

Ha mar deu va mamm d'am daspren,
Kannader, lak banniel e gwenn;

Met siwazh din, mar ne zeu hi,
Ur banniel du eo a savi.

*

Pe zegouezhas e Bro Leon
Edo o koaniañ an Itron,

Edo gant he zud ouzh an daol,
An delennourien en o roll.

— Noz vat deoc'h, Itron an ti-mañ,
Setu bizoù aour ho mab Bran,

E vizoù koulz hag ul lizher,
Ret eo e lenn, e lenn e-berr.

— Tavit, telennourien, ho son;
Glac'har vras a zo em c'halon!

Tavit, telennourien, buan,
Paket va mab ne ouien mann!

Ra fardor ul lestr din fenoz,
Ma treuzin ar mor antronoz!

*

Antronoz, diwar e wele
An aotrou Bran a c'houlenne :

— Gedour, gedour, din lavarit,
Lestr ebet o tont ne welit?

À table, entourée de toute sa famille, et les harpeurs en train de jouer.

— Bonsoir à vous, dame de ce château! Voici l'anneau d'or de Bran, votre fils.

Son anneau, aussi une lettre. Vite lisez-la, je vous prie.

— Harpeurs, plus de musique! Un grand chagrin j'ai dans le cœur.

Harpeurs plus de musique! Mon fils est prisonnier et moi je l'ignorais!

Qu'on m'équipe un vaisseau ce soir! Demain je passerai la mer! »

*

Le lendemain, le chevalier Bran gisait dessus son lit :

— Veilleur, dis-moi, ne vois-tu approcher aucun navire?

— Seigneur chevalier, je ne vois que la mer immense et que le ciel.

À midi, le seigneur Bran demande encore au veilleur :

— Veilleur, dis-moi, ne vois-tu paraître aucun navire?

— Seigneur chevalier, je ne vois que le vol des oiseaux de mer.

Au soir, le seigneur Bran demande au veilleur :

— Veilleur, dis-moi, ne vois-tu paraître aucun navire?

Le veilleur félon sourit, l'air mauvais :

— J'aperçois au loin, très au loin, un navire battu par les vents.

— Dis-moi vite : Quel pavillon? Est-il noir? Est-il blanc?

— Seigneur chevalier, d'après ce que j'aperçois, le pavillon est noir, je le jure par la braise vive!

Quand le chevalier entendit ces mots, il demeura muet.

Il détourna son visage devenu livide et se mit à trembler de fièvre.

— Aotroù marc'heg, ne welan-me
Nemet ar mor bras hag an neñv.

An aotroù Bran a c'houlennas
Ouzh ar gedour da greisteiz c'hoazh :

— Gedour, gedour, din lavarit,
Lestr ebet o tont ne welit?

— Aotrou marc'heg, ne welan tra
Nemet morevned o nijal!

An aotrou Bran a c'houlennas
Ouzh ar gedour d'abardaez c'hoazh :

— Gedour, gedour, din lavarit,
Lestr ebet o tont ne welit?

Ar gedour gaouiat pa glevas
C'hoarzhin drouk outân a reas :

— Ul lestr a welan-me pell, pell,
Hag eñ foetet gant an avel.

— Na pe arouez? Lavarit krenn!
Ha daoust eo du, ha daoust eo gwenn?

— Aotrou marc'heg, 'vel ma welan,
Du eo, me en tou deoc'h ruz-glaou-tan!

Ar marc'heg kaezh p'en deus klevet,
Na mui na ken n'en deus komzet.

Distreiñ a reas e zremm c'hlas
Ha gant an derzhienn e krenas.

                              *

Nag an itron a c'houlenne
Digant kêriz pa zouare :

148

Abordant les gens de la ville, la dame leur demandait :

— Qu'y a-t-il ici de nouveau que j'entends les cloches sonner? »

Un vieil homme qui l'entendait lui répondit :

— Un chevalier prisonnier que nous avions ici, est mort cette nuit. »

A peine avait-il fini de parler que la dame courait vers la tour.

La dame tout en larmes, ses cheveux blancs épars.

Les gens de la ville étaient étonnés, oui, très étonnés de la voir,

De voir une dame étrangère mener si grand deuil par les rues!

Et chacun s'interrogeait : — Quelle est celle-ci et de quel pays? »

Arrivant auprès de la tour, la dame dit au portier :

— Ouvre vite, ouvre-moi la porte. Mon fils; mon fils! que je le voie! »

Quand fut ouverte la grande porte, la dame se jeta sur le corps de son fils.

La dame serra le corps dans ses bras. Elle ne se releva plus.

*

A Kerloan, sur le champ de bataille, un chêne s'élève au-dessus du rivage.

Un chêne en ce lieu-là où les Saxons s'enfuirent devant la face d'Even le Grand.

Sur ce chêne, quand la lune luit, chaque nuit des oiseaux s'assemblent.

Tous oiseaux de mer, plumage blanc et noir, une tache de sang au front.

Perche avec eux une vieille corneille grisonnante. Auprès d'elle un jeune corbeau.

Et tous deux sont bien las, leurs ailes sont mouillées. Ils sont venus de très loin par delà les mers.

Tous les oiseaux chantent un chant si beau que la grande mer fait silence.

— Petra nevez a zo amañ
Pa glevan kleier o tiñsañ?

Un den kozh en deus lavaret
D'an itron p'en deus he c'hlevet :

— Ur marc'hek paket 'oa amañ,
Mervel en deus graet en noz-mañ!

N'oa ket e gomz peurlavaret,
Etrezek an tour eo pignet,

En ur redek, o ouelañ ken,
Dispak-kaer ganti he blev gwenn,

Ken e oa ar gêriz souezhet
Souzhet-meurbet ouzh he gwelout,

Gwelout un itron divroat
Oc'h ober kañv a-hed ar straed,

Ken e lavare pep unan :
— Piw eo houmañ, hag a-beban?

An itron baour a lavare
Da borzhier an tour pa errue :

— Digor, digor prim an nor din!
Va mab, va mab, ra e welin!

Pa voe digoret an nor vras,
War gorf he mab en em strinkas,

Hag e vriata a reas
Ha biken goude ne savas.

*

War vaez ar stourm e Kerlouan
'Zo un dervenn a-us d'al lann,

Ils chantent d'une seule voix, sauf la corneille et le corbeau.

Le corbeau leur a dit : Chantez, petits oiseaux, chantez !

Chantez ô petits oiseaux du pays, vous n'êtes pas morts loin de la Bretagne !

Un dervenn el lec'h ma kilas
Ar Saozon rak dremm Even Vras.

War an dervenn pa bar al loar,
Bep noz 'n em zastum evned-mor,

Evned-mor du o fluñv ha gwenn
Gant ul lommig gwad war o fenn.

Ganto ur Vranez gozh du-louet,
Ganti ur Vran yaouank kevret;

Skuizh o daou ha gleb o eskell,
O tonet eus tramor, eus pell.

Hag an evned a gan ur c'han,
Ken kaer ma tav ar mor ledan.

Ar c'han-se 'n ur vouezh int a gan
Nemet ar Vranez hag ar Vran.

Hag ar Vran en deus lavaret :
— Kanit, evnedigoù, kanit!

Kanit, evnedigoù ar Vro,
C'hwi pell eus Breizh n'oc'h ket maro!

ALAIN-LE-RENARD

Alain, surnommé Barbe-Torte par l'histoire, et « le Barbu » ou « le Renard » par la tradition, exerça d'abord, dans les forêts de l'île de Bretagne, contre les sangliers et les ours, un courage qu'il devait faire servir plus tard à délivrer son pays de la tyrannie des Normands. Ralliant autour du drapeau national les Bretons cachés dans les bois ou retranchés dans les montagnes, il surprit l'ennemi près de Dol, au milieu d'une noce, et en fit un grand carnage. De Dol, il s'avança vers Saint-Brieuc, où d'autres étrangers se trouvaient réunis, qui éprouvèrent le même sort. A cette nouvelle, dit un ancien historien, tous les hommes du Nord qui étaient en Bretagne s'enfuirent du pays, et les Bretons, accourant de toutes parts, reconnurent Alain pour chef (937).

H. V.

ALAN AL LOUARN

Al Louarn barvek a c'hlip, glip, glip, glip, glip er
[c'hoad!
Gwa konikled arall-vro! Lemm-dremm e zaoulagad!

Lemm e zent ha skañv e dreid hag e graban ruz-gwad!
Alan al Louarn a c'hlip, glip, glip : Argad! Argad!

Ar Vretoned a welis 'lemmañ o c'hlavier dall,
N'eo ket war higolenn Breizh met houarngen ar Gall.

Ar Vretoned a welis o vediñ er c'hadtir,
N'eo ket gant filzier dantek met gant klezeier dir,

Ha n'eo ket gwinizh ar vro, ha n'eo ket hor segal,
Met pennoù blouc'h eus Bro-Saoz, pennoù blouc'h eus
[Bro-C'hall.

Ar Vretoned a welis o tornañ ed gant youc'h
Ken e lamme pellennoù diwar ar pennoù blouc'h.

Ha n'eo ket gant fustoù prenn 'vac'he ar Vretoned,
Met gant sparroù houarnet ha gant treid o mirc'hed.

Ur youc'hadenn a glevis, youc'hadenn ar peurzorn
Adalek Krec'h Sant Mikael tre-betek traoñ Elorn,

Adalek ti Sant Weltas tre-betek Penn ar Bed
Er pevar c'horn eus a Vreizh bezet al Louarn meulet!

ALAIN LE RENARD

Le Renard barbu glapit : « Glip, glip », glapit dans le bois ! Malheur aux lapins étrangers ! Les yeux du Renard : deux fines lames tranchantes !

Tranchantes aussi ses dents, rapide sa course, ses ongles rougis de sang. Alain-le-Renard glapit, glapit : « Guerre ! Guerre ! »

Les Bretons, je les ai vus aiguiser leurs armes terribles. Non sur la meule de Bretagne, mais la cuirasse des Gaulois !

Les Bretons je les ai vus moissonner sur le champ de bataille non pas avec des faucilles ébréchées mais avec des épées d'acier.

Moissonner non pas le blé du pays, mais les épis sans barbes des Saxons ou de la terre des Gaulois.

Les Bretons, je les ai vus qui battaient le blé dans l'aire si bien que volait la balle arrachée aux épis sans barbe.

Ils ne battaient point à fléaux de bois, mais avec des épieux ferrés et avec les pieds des chevaux.

Bezet kanmeulet al Louarn a amzer da amzer!
Bezet koun eus ar ganaouenn, bezet klemm ouzh ar
[c'haner!

Neb a ganas ar c'han-mañ n'e ganas ur wech all,
Dideodet, siwazh dezhañ! ma oa bet gant ar Gall;

Hogen mar d-eo dideodet ned eo ket digalon,
N'eo ket mank kennebeud-all 'vit saezhañ saezh an ton!

Le cri de joie j'ai entendus, qu'on pousse à la fin du battage! Il retentit du Menez-Mikel jusqu'en les vallées d'Elorn.

De l'abbaye de Saint-Gildas jusqu'au cap où finit la terre, qu'on chante gloire au Renard aux quatre coins de la Bretagne!

Mille fois qu'on chante la gloire du Renard! Et d'âge en âge, qu'on garde mémoire du chant mais que l'on plaigne le chanteur!

Celui qui, le premier entonna ce chant de gloire n'a plus jamais chanté. A ce malheureux chanteur les Gaulois ont coupé la langue.

Si le chanteur n'a plus de langue, le chanteur a toujours un cœur. Et sa main est encore main sûre pour décocher la flèche de son chant!

FONTANELLAN

Fontanellan a barrez Prad,
Bravañ mab a wiskas dilhad,
En deus lamet ur bennherez
Diwar barlen he magerez.

— Pennherezig, din lavarit,
Petra er c'hleuz-se a glaskit?
— Klask a ran-me bokedoù-hañv
D'am breurig-mager a garan.

D'am breurig-mager a garan
E klaskan-me bokedoù-hañv,
Met aon 'm eus, ken na grenan,
Na errufe Fontanellan.

— Pennherezig, din lavarit,
Fontanellan 'anavezit?
— Fontanellan n'anavan ket,
Klevet komz anezhañ 'm eus graet.

Klevet komz anezhañ 'm eus graet,
E oa ur gwall-baotr 'm eus klevet,
Ha penaos eñ a skrap merc'hed.
— Ya, ha dreist-holl pennherezed!

'Tre e zivrec'h he c'hemeras,
Hag he briata a reas,

LA FONTENELLE

La Fontenelle, de la paroisse de Prat, le plus beau fils qui porta jamais habit d'hommes, a enlevé une héritière de dessus les genoux de sa nourrice.

— Dites-moi, petite héritière, dites-moi, que cherchez-vous dans ce fossé?

— Je cueille des fleurs d'été pour mon petit jeune frère que j'aime, mon frère de lait.

Pour mon frère de lait que j'aime je cueille des fleurs de l'été mais je tremble de voir surgir La Fontenelle.

— Petite héritière, dites-moi, connaissez-vous La Fontenelle?

— La Fontenelle, je ne l'ai vu, mais j'en ai entendu parler.

Oui, j'en ai entendu parler. Je sais qu'il est un méchant homme qui enlève les jeunes filles.

— Oh oui, surtout les héritières! »

Il la prit dans ses bras, l'embrassa, la mit en croupe derrière lui et l'emmena à Saint-Malo.

A Saint-Malo il l'a menée. L'a mise dedans un couvent et il l'a prise pour épouse quand la fille eut quatorze ans.

*

Sont allés habiter le manoir de Coadélan. Un petit enfant elle a mis au monde, aussi beau que je jour, ressemblant à son père.

Ha war lost e varc'h he zaolas,
Ha da Sant-Malo he c'hasas.

Da Sant-Malo 'n deus he c'haset,
El leandi 'n deus he laket;
Ha pa voe pevarzek vloaz naet,
'N deus he c'hemeret da bried.

*

Da vaner Koadelan int aet;
Ur mab bihan he deus ganet,
Ur mab ker koant evel an hañv,
A denn d'e dad Fontanellan.

Ken na voe lizher degouezhet,
Da Baris e oa ret monet :
— Hoc'h-unan amañ ho laoskan,
Da Baris raktal ez ean.

— Fontanellan, chomit er gêr;
Paeañ a rin ur c'hannader.
En an' Doue nan it ket di;
Ma'z it di ne zistrofot mui.

— N'ho pet ket aon, tamm ebet!
Me 'ya va-unan d'o c'havet;
Grit ervat d'am mabig bihan
'Keit ma vin pell eus ar gêr-mañ.

Fontanellan a lavare
D'an dud yaouank, pa guitae :
— Me 'roy ur banniel ar c'haerañ
D'an Itron Vari Rozera;

Banniel ha dilhad ar c'haerañ,
M'ho po soñj eus Fontanellan,
Ha damant ouzh e vab bihan,
Ken na zistroy da Goadelan.

Une lettre arriva : à Paris il fallait se rendre.

— Je vous laisse seule au manoir. Pour Paris je pars à l'instant.

— Restez, restez à la maison ! Je gagerai un messager ! Au nom de Dieu, n'y allez pas ! Si vous y allez, n'en reviendrez plus !

— Ne craignez rien ! Les trouver me rendrai moi-même. Ayez bien soin de notre fils quand je serai au loin d'ici ! »

Fontenelle, en partant, disait aux jeunes gens : — A notre Dame du Rosaire je ferai présent de la plus belle bannière au monde. Bannière et splendides habits, si vous n'oubliez pas La Fontenelle ayant soin du petit enfant jusqu'au retour à Coadélan.

*

— Bonjour à vous, roi et reine, me voici venu vous trouver en votre palais.

— Puisque vous voilà, soyez le bienvenu ! Vous ne sortirez pas d'ici !

— D'ici, certes je sortirai, seigneur roi, ou nous verrons bien ! Qu'on me selle ma haquenée, et je m'en retourne chez moi.

— A Coadélan vous n'irez point ! En prison je ne dis pas. Assez de chaînes je possède dans mon palais pour enchaîner deux ou trois hommes !

— Ô toi page, mon petit page, cours bien vite à Coadélan et dis à la pauvre héritière de ne plus porter de dentelles.

De ne plus porter de dentelles car en peine est son pauvre époux. Rapporte-moi une chemise que je mettrai, et un drap pour m'ensevelir.

Oui, une chemise de toile. Apporte aussi un grand drap blanc. Plus encore un plateau doré, exposer ma tête aux regards. Page, prends une poignée de mes cheveux que tu attacheras à la porte de Coadélan. Les gens qui iront à la messe diront : « Que Dieu fasse grâce au marquis ! »

— Demat Roue ha Rouanez,
Deut on d'ho kaout en ho palez.
— Pa'z oc'h deut, deut mat ra vefet,
Met ac'halenn c'hwi ne yel ket.

— Met ac'halenn me a yelo,
Aotrou Roue, pe ni 'welo!
Stergnit din-me va inkane
Ma'z in-me d'ar gêr adarre.

— Da Goadelan c'hwi ne yel ket,
Er prizon ne lavaran ket;
Chadennoù a-walc'h 'zo em zi
Evit chadennañ daou pe dri.

— Floc'hig, floc'hig, floc'hig bihan,
Kae skañv etrezek Koadelan,
Ha lavar d'ar bennherez kaezh
Ma ne zougo mui dantelezh,

Ma ne zougo mui dantelezh,
Rak he fried paour 'zo diaes,
Kas din ur roched da wiskañ
Hag ul liñsel d'am lienañ.

Kas din, te, ur roched lïen,
Hag ul liñsel vras lïen gwenn,
Hag ouzhpenn ur plad alaouret
Da lakaat va fenn da sellet.

Dal ur guchenn eus va blev-mañ
Da stagañ ouzh dor Koadelan,
Ma laro 'r re 'yel d'an iliz :
Truez Doue war ar Markiz!

— Kasit blev kement a garfot,
Evit pladoù aour ne vern ket;
Taolet 'vo e benn war ar pavez
Da c'hoari boull d'ar vugale.

Le roi dit : — Poignée de cheveux tant que vous voudrez !
Inutile le plateau d'or : la tête sera jetée sur le pavé, servira
de boule aux enfants. »

En arrivant à Coadélan le petit page souhaitait : — Bonjour à vous, héritière, Meilleur jour que n'a le pauvre
seigneur.

Il vous demande une chemise. Et un drap pour l'ensevi-
lir, comme aussi un plateau doré pour qu'on y expose sa
tête. »

*

Fort surpris étaient les gens de Paris. Que s'était-il donc
passé qu'une dame de lointain pays menait si grand buit par
les rues? Et l'on disait :

— Voici l'héritière de Coadélan portant robe verte et
flottante. Si elle savait ce que je sais porterait une robe
noire comme la poix.

— Sire, je vous en conjure rendez-moi mon mari. —
Votre mari ne vous rendrai : il fut roué il y a trois jours. »

Qui viendrait à Coadélan en aurait le cœur nâvré. Oui,
le cœur nâvré de douleur voyant le feu mort au foyer,
Voyant les orties sur les seuils, au rez de chaussée, dans
la salle et le méchant monde y faisant le beau.

Et les pauvres gens pleurer en passant, oui pleurer d'an-
goisse, pleurer en disant : « Voilà qu'elle est morte, la
mère des pauvres! »

Ar floc'hig bihan 'lavare,
E Koadelan pa'z errue :
— Demat, demat deoc'h, pennherez,
Gwelloc'h 'vit 'zo gant 'n aotrou kaezh!

Ur roched a c'houl da wiskañ,
Hag ul liñsel d'e lienañ,
Hag ouzhpenn ur plad alaouret
Da lakat e benn da sellet.

*

Re Baris a oa estonet
Da c'hout petra 'oa degouezhet,
O welout un itron a bell vro,
Trouz bras ganti, dre ar ruioù.

— Setu pennherez Koadelan,
Ganti ur sae c'hlas ha ledan;
Ma c'houfe pezh a ouzon-me
Ur vroz du-peg a gemerfe.

— Aotrou Roue, ha me ho ped,
Va fried din-me daskorit.
— Ho pried deoc'h ne rentin ket,
Tri deiz 'zo ez eo bet torret.

Neb a zeufe da Goadelan
En defe keuz ha nec'hamant,
En defe keuz bras o welet
Maro an tan war an oaled,

O welout linad o kreskiñ
E toull an nor hag el leurdi,
El leurdi hag e kreiz ar sal,
Hag an dud fall eno 'vragal;

Hag an dud paour, en ur dremen
O ouelañ, siwazh! gant anken,
O ouelañ, o komz evel-henn :
— Setu maro mamm ar beorien!

AR PAPER TIMBR

Petra nevez 'zo en Breizh?
Trouz ha moged 'zo a-leiz!

Marc'h ar Roue, hag eñ kamm,
'Zo houarnet a nevez flamm,

A ya da gas en Breizh-Izel
Ar Paper Timbr hag ar Siell.

C'hwec'h kabiten 'n deus Roue Frañs,
Tudjentil vras, tud a noblañs,

C'hwec'h kabiten 'n deus ar Roue
Da lakaat war e inkane.

Daou war an dibr, daou war ar goug,
Ha daou all tost da benn e chouk.

Skañvañ arme 'n deus Roue Frañs
'Bouezo ket kant lur 'n hon valañs!

'R c'hentañ 'nezhe 'zoug pavilhon
Ha flourdilizenn ar poltron;

An eil 'n deus ur c'hleze merglet
Ha na ray droug da zen ebet;

168

LE PAPIER TIMBRÉ

— Quelles nouvelles de Bretagne?
— Quantité de bruit, de fumée.

Le grand cheval boiteux du Roi
A été ferré l'autre jour,

Il va porter en Basse-Bretagne
Le papier timbré et le sceau.

Le Roi de France a six capitaines
Pour chevaucher sa haquenée.

Deux sur la selle, deux sur le cou,
Et deux autres au bout de la croupe.

Légère armée du Roi de France!
Moins de cent livres en nos balances!

Le premier porte le drapeau
Et la fleur de lys du poltron.

Le second porte épée rouillée
Ne faisant de mal à personne.

Le troisième éperons de paille
Égratignant la bête sale.

An trede 'n deus ur c'hentroù plouz
Evit krafignat al loen lous;

Ar pevare 'n deus diw bluenn,
Unan war e dok kabiten,

Unan war e dok kabiten
Hag un all a-drek e skouarn;

Gant ar pempvet 'mañ 'n drouk-louzou,
Ar Paper-Timbr, ar yalc'h c'houllo,

Yalc'h ar Roue, don 'vel ar mor,
'Vel an Ifern bepred digor!

An diwezhañ, krog 'barzh al lost,
A zo konduer ar marc'h post.

Pebezh harnez 'n deus ar Roue!
Pebezh noblañs, pebezh arme!

Na pa errujont da gentañ
Gant Paper timbret er vro-mañ

E oant kempennet gant truilhoù
Ha treut evel ar c'hozh delioù.

O fri 'oa hir, o lagad bras,
O diwjod gwenn ha kazi noazh;

O diwc'har a oa bizhier kloued,
Hag o daoulin skoulmoù keuneud.

Met ne oant ket bet pell er vro
Ma oa chenchet hon c'hwec'h aotroù :

Chupenn voulouz pasamantet,
Loeroioù seiz, hag i brodet!

Pep a gleze troad olifant
'Devoa prenet hon c'hwech krokant.

Deux plumes porte le quatrième :
Une plume sur son chapeau

Sur son chapeau de capitaine,
Une autre derrière l'oreille.

Au cinquième les ingrédients :
Papier timbré et bourse vide.

La bourse du roi est profonde,
Est profonde comme la mer,
Comme l'Enfer toujours ouvert.

Le dernier des six capitaines
Est croché comme un postillon.

Le beau harnachement royal!
Belle noblesse! Belle armée!

Quand ils arrivèrent au pays
Apportant le papier timbré,

Vêtus de guenilles ils étaient,
Maigres comme les feuilles mortes.

Avaient long nez, ouvrant grands yeux,
Les joues blanches et presque nues,

Les jambes comme des échalas,
Genoux comme des nœuds de bûche?

A peine étaient-ils au pays
Que ces six messieurs étaient autres :

Pourpoint de velours passementé,
Bas de soie, hommes tout brodés.

Belle épée à pommeau d'ivoire
Avaient acquis nos six croquants.

E berr amzer en hon c'hanton
Na chenchet e oa o feson!

Bizaj ledan, fri liw d'ar gwin,
Daoulagad bihan ha lirzhin,

Kofoù kement hag un donell,
Setu poltred hon c'hwec'h urcher.

Evit o dougen da Roazhon
E voe brevet c'hwec'h marc'h limon.

Na pa errujont da gentañ
Gant paper timbret er vro-mañ

Yann Kouer a veve war ar maez,
Dousik ha sioul, en e aez.

War-benn ma retornjont d'ar gêr
E oa bet trubuilh 'n hon c'harter,

Ker e oa d'hon yilc'hier koustet
Ober kalfetiñ hon paotred!

Ma mignoned, nen eo ket faos
Ar pezh a lavar ar re gozh :

En amzer an Dugez Annañ
Ne oa ket graet dimp er giz-mañ!

En si peu de temps au pays
Comme ils avaient changé de mine :

Large visage et nez vineux
Avec de petits yeux rieurs,

Ventre gros comme une barrique
Tels étaient bien nos six huissiers.

Pour les transporter jusqu'à Rennes
On creva six chevaux de trait.

Avant qu'ils viennent dans le canton
Apportant le papier timbré

Jean Paysan vivait aux champs
Doucement, tranquille, à son aise.

Quand ils s'en revinrent chez eux
Notre canton était ruiné.

A nos bourses il avait coûté
Pour calfater nos gâs ici.

Oui, mes amis, c'est vérité
Ce que souvent disent les vieux :

Du temps de notre Duchesse Anne
On ne nous traitait pas ainsi.

LA MORT DE PONTCALEC

Les fils de ces hommes qui, au XVIe siècle, prirent les armes pour affranchir leur pays de la souveraineté étrangère devaient, au XVIIIe, se lever deux fois pour la même cause. La conspiration de Cellamare eut un plus grand caractère de simplicité dans ses motifs et de précision dans son objet que la Ligue; elle fut purement nationale. Se fondant sur la violation de leurs franchises par le Régent, dont le but était de détruire toute résistance parlementaire, les Bretons déclarèrent nul l'acte de leur union à la France, et envoyèrent au roi d'Espagne, Philippe V, des plénipotentiaires chargés d'entamer des négociations ayant pour base l'indépendance absolue de la Bretagne. La plus grande partie de la noblesse et les populations rurales se liguèrent contre la France; la bourgeoisie seule resta en dehors du mouvement national.

La conspiration échoua. Quatre des principaux chefs, savoir : Pontcalec, du Couëdic, Montlouis et Talhouet-le-Moine, furent pris et traités avec le plus dur mépris des formes judiciaires; le Régent, désespérant d'obtenir un arrêt de mort de leurs juges naturels, les livra à une cour martiale; un étranger, un Savoyard, la présidait. Mais le peuple, indigné, réforma le jugement, et il fallut toutes les horreurs de 93 pour faire oublier aux Bretons les tribunaux extraordinaires et les dragonnades de 1720. L'élégie du jeune Clément de Guer-Malestroit, marquis de Pontcalec, décapité à Nantes, à l'âge de vingt et un ans, sur la place du Bouffay, avec les trois braves gentilshommes que nous avons nommés, témoigne de l'esprit de la conjuration et de la sympathie populaire qui adoucit leurs derniers instants.

H.V.

MARO PONTKALLEK

Ur werz nevez a zo savet,
War Varkiz Pontkallek eo graet.

   — Treitour! a!
     Mallozh dit!
     Mallozh dit 'ta!
     Treitour! a!
     Mallozh dit! a!

War Varkiz yaouank Pontkallek,
Ken koant, ken drant, ken kalonek!

Mignon e oa d'ar Vretoned
O vezañ aneshe ganet,

O vezañ anezhe ganet
Hag etreze bet desavet.

Mignon e oa d'ar Vretoned,
D'ar vourc'hizien ne laran ket;

D'ar vourc'hizien ne laran ket
'Zo a-du gant ar C'hallaoued,

'Zo atav 'kas gwaskañ ar re
N'o deus na madoù na leve,

LA MORT DE PONTCALEC

Un chant nouveau a été composé. Il a été fait sur le marquis de Pontcalec. — Toi que l'as trahi, sois maudit, oui sois maudit, Toi qui l'as trahi, sois maudit!

Sur le jeune marquis de Pontcalec, homme si beau, si bon, de si grand cœur.

— Toi qui l'as trahi, sois maudit, Oui, sois maudit!

Il avait l'amour des Bretons car des Bretons il était né.

— Toi qui l'as trahi sois maudit, oui, sois maudit!

Car des Bretons il était né. Au milieu d'eux avait grandi.

Il avait l'amour des Bretons, mais non pas celui des bourgeois.

Mais non pas celui des bourgeois qui sont tous du parti de France.

Toujours cherchant malheur à ceux qui n'ont ni biens, ni rentes; qui n'ont que la peine des bras, jour et nuit, pour nourrir leur famille. Pontcalec forma le projet nous décharger de notre fardeau. Le grand dépit pour les bourgeois cherchant raison d'avoir sa tête.

Nemet poan o divrec'h, noz-deiz,
Evit magañ o ziegezh.

Laket en devoa en e benn
Disammañ dimp-ni hon hordenn,

Gwarizi-tag d'ar vourc'hizien
O deus laket priz war e benn.

— Aotroù Markiz, it da guzhat,
An tu a zo gante kavet!

*

Pellik a zo eo dianket
Evit furchal n'e gaver ket!

Ur paour eus Kêr, o klask e voued,
Hennezh en deus e ziskuliet.

Ur c'houer n'en dije ket en graet
Goude reiñ dezhañ pemp kant skoed.

Gouel Maria 'n eost, deiz evit deiz,
An Dragoned 'oa war vale :

— Larit-hu din-me, Dragoned,
O klask ar Markiz ez oc'h bet?

— O klask ar Markiz ez omp bet.
Daoust penaos ez eo eñ gwisket?

— Er c'hiz diwar 'r maez eo gwisket,
Glas e chupenn hag hi brodet;

Glas e jak ha gwenn e justenn;
Bodreoù lêr ha bragoù lïen;

Un tokig plouz neudennet-ruz;
War e skoaz, ur pennad blev du;

180

— Monsieur le marquis, cachez-vous! Cette maison, ils l'ont trouvée!

Depuis longtemps a disparu qu'on le cherche et nul ne le trouve. Un gueux de la ville, un mendiant est celui qui l'a dénoncé.

Un paysan n'aurait trahi pour le prix de cinq cents écus.

C'était la fête de Notre-Dame-des-Moissons, jour pour jour. Les dragons étaient en campagne.

— Dites-moi dragons, ne cherchez-vous pas le marquis?

— Oui, le marquis nous le cherchons. Sais-tu comment il est vêtu?

— Tout à la mode des campagnes. Surtout bleu orné de broderies. Soubreveste bleue, pourpoint blanc, guêtres de cuir et braies de toile. Petit chapeau de paille, tissu de fils rouges. Ses cheveux noirs sur les épaules.

Ceinture de cuir avec deux pistolets d'Espagne à deux coups. Habits dessus de grosse étoffe mais, par dessous, habits dorés. Donnez-moi trois écus et je vous mènerai à lui!

— Pas même trois sous tu n'auras! Des coups de sabre, on ne dit pas.

Pas même trois sous tu n'auras et feras trouver Pont-calec.

— Par Dieu, chers dragons, ne me faites point de mal!

Ne me faites point de mal! Je vais vous mettre sur sa trace.

Ur gouriz lêr, diw bistolenn,
Hag i a Vro-Spagn, a zaou denn.

Warnañ dilhad pilhoù-huan,
Met dilhad alaouret dindan.

Mar fell deoc'h-hu reiû din tri skoed,
Me a raio deoc'h e gavet.

— Tri gwenneg zoken ne roimp ket,
Taolioù sabrenn, ne laromp ket.

Ne roimp ket zoken pemp gwenneg,
Ha te 'ray dimp kaout Pontkallek.

— Dragoned ker, en an' Doue!
Nan it ket d'ober droug din-me!

Nan it ket d'ober droug din-me!
Hoc'h henchañ raktal a rin-me.

'Mañ eñ du-se, er sal, ouzh taol,
O leinañ gant person 'n Ignol.

*

— Aotroù Markiz, tec'hit, tec'hit!
Me 'wel erru an Dragoned,

Me 'wel an Dragoned erru,
Armoù lugernus, dilhad ruz.

— Me ne gredan ket em c'halon
E krogfe ennon un Dragon,

Ne gredan ket 've deut ar c'hiz
'Krogfe un Dragon 'n ur markiz.

N'oa ket e gomz peurechuet
Tre-barzh ar sal o deus lammet;

Pontcalec est là-bas dans la salle du presbytère. Pontcalec est là-bas, à table avec le recteur de Lignol.

*

— Fuyez, seigneur marquis, fuyez! Voici les dragons qui arrivent!

Voici les dragons qui arrivent : armures brillantes, uniformes rouges!

— Je ne puis croire qu'un dragon ose porter la main sur moi.

L'usage serait-il venu — je ne peux croire — qu'un dragon ose porter la main sur les marquis? »

Il parlait encore que les dragons ont envahi la salle. Lui, de brandir ses pistolets!

— Si quelqu'un s'approche, je tire! Voyant cela, le vieux recteur se jette aux genoux du marquis.

— Par Dieu votre Sauveur, ne tirez pas, mon cher seigneur! »

Lors à ces mots « votre sauveur » qui a souffert avec patience, lors à ces mots « votre Sauveur », il ne peut retenir ses larmes.

Claquent ses dents sur sa poitrine. Se redressant s'écrie : « Partons! »

Comme il traversait la paroisse de Lignol, les pauvres paysans disaient : « C'est grand péché de lier le marquis! »

Comme il passait près de Berné, Pontcalec rencontra une troupe d'enfants.

— Bonjour, bonjour, monsieur le marquis, nous allons au catéchisme, au bourg.

Hag eñ pegañ 'n e bistolenn :
— Neb a dost ouzhin 'n deus un tenn!

Ar person kozh 'dal m'en gwelas,
Dirak ar Markiz 'n em strinkas.

— En ano Doue, ho Salver,
Na dennit ket, va Aotrou ker!

Pa glevas ano hor Salver
En deus gouzañvet gant douster,

Ano hor Salver pa glevas,
Daoust d'e spered, eñ a ouelas;

'Rez e vruched 'strakas e zent,
Ken na droc'has sonn : Deomp en hent!

A-dreuz parrez 'n Ignol pa'z ae,
Ar gouerien baour a lavare;

Lavarout a rae 'n Ignoliz :
— Pec'hed eo eren ar Markiz!

Pa'z ae e-biou parrez Berne
'Tegouezhe 'r frapad bugale :

— Mad deoc'h! Mad deoc'h! Aotroù Markiz!
Ni 'ya d'ar vourc'h, d'ar c'hatekiz.

— Kenavo, bugaligoù vat!
N'ho kwelo mui ma daoulagad!

— Da belec'h it eta, Aotroù!
Ha dont 'refot souden en-dro?

— Me n'ouzon ket, Doue en goar,
Bugale baour, me 'zo war var.

O cherisañ en defe graet
Panevet e zaouarn ereet.

— Adieu, mes bons petits enfants, je ne vous verrai jamais plus!

— Et où allez-vous donc, seigneur? Ne reviendrez-vous pas bientôt?

— Je n'en sais rien. Seul Dieu le sait. Pauvres petits, je suis en péril. »

Il eût voulu les caresser, mais ses mains étaient enchaînées.

Dur eût été le cœur insensible! Les dragons eux-mêmes pleuraient

Et cependant les gens de guerre ont des cœurs durs.

Quand Pontcalec fut amené à Nantes, il fut jugé et condamné.

Non point condamné par ses pairs, mais par des parvenus tombés de derrière les charrettes.

Ceux-là demandèrent à Pontcalec : « Seigneur marquis, qu'avez-vous fait? »

— Moi, j'ai fait mon devoir. Faites votre métier!

*

Le premier dimanche de Pâques, cette année, au bourg de Berné est arrivé un messager.

— Bonne santé à vous tous en ce bourg! Où se trouve ici le recteur?

— Il est à dire la grand'messe. Il va commencer son sermon. »

Comme il montait en chaire, on lui glissa une lettre dans son livre.

Kriz ar galon ha ne ranne,
Re 'n Dragoned zoken a rae,

Paotred a vrezel koulskoude
O deus kalonoù kriz enne.

Ha degouezhet e kêr Naoned
E voe barnet ha kondaonet,

Kondaonet, naren gant tud par
Met tud kouezhet eus lost ar c'harr.

Da Pontkallek o deus laret :
— Aotroù Markiz, petra 'c'h eus graet?

— Pezh a oa dleet din d'ober.
Ha grit-hu ivez ho micher.

                    *

Da sul kentañ Pask, hevlene,
Oa kaset kannad da Verne :

— Yec'hed mat deoc'h-holl er gêr-mañ,
Pelec'h 'mañ ar person dre-amañ?

— 'Mañ o farout e oferenn,
O vonet gant ar brezegenn.

Pa oa o vonet d'ar gador
'Voe roet dezhañ ul lizher,

Met ne oa ket evit e lenn
Gant an daeroù 'save d'e benn.

— Petra c'hoarvezet a nevez,
Pa ouel ar person er c'hiz-se?

— Gouelañ a ran, ma bugale!
Evel ma rafec'h-c'hwi ivez.

Lire la lettre il ne pouvait, tant ses yeux s'emplissaient de larmes.

— Qu'est-il arrivé de nouveau pour que le recteur pleure ainsi?

— Je pleure, mes enfants, pour une nouvelle qui vous fera pleurer de même.

Chers pauvres enfants, il est mort celui que vous nourrissait, vous vêtait et vous soutenait!

Il est mort, celui qui vous aimait, gens de Berné, comme je vous aime.

Il est mort, celui qui aimait sa patrie jusqu'à mourir pour sa patrie.

Il est mort à vingt-deux ans comme meurent les martyrs et les saints.

Mon Dieu, ayez pitié de son âme! Le seigneur de Pontcalec est mort, ma voix se meurt!

— Toi qui l'as trahi, sois maudit, oui sois maudit! Toi qui l'as trahi, sois maudit!

Marv eo, peorien, neb ho mage,
Neb ho kwiske, neb ho harpe;

Maro an hini ho kare,
Berneviz, koulz eveldon-me,

Maro neb a gare e vro
Hag en greas bete 'r maro;

Maro da zaou vloaz war-n-ugent,
'Vel ar verzherien hag ar sent.

Doue, ho pet outañ truez!
Marv eo 'n aotrou! Marv eo ma mouezh!

    — Treitour! a!
      Mallozh dit!
      Mallozh dit 'ta!
      Treitour! a!
      Mallozh dit! a!

LE PRÊTRE EXILÉ

Parmi les ecclésiastiques bretons que le refus de serment à une constitution, qui était un attentat à la liberté de conscience, jeta sur les côtes d'Angleterre, d'Espagne ou de Portugal, se trouvait l'abbé Nourry, recteur de la paroisse de Bignan, dans l'évêché de Vannes. Il composa, sur son exil et les malheurs de son pays, une élégie touchante qu'il adressa à ses paroissiens.

H.V.

AR BELEG FORBANNET

Selaouit ur person a eskopti Gwened
Gwall-bell diouzh e barrez, 'vit ar feiz forbannet;
Pell eo a gorf diouzhoc'h, nemet e soñjezon
A zo bepred ganeoc'h kenkoulz hag e galon.

A c'houde an amzer kriz ha diskonfortus
Ma'z on pellaet diouzhoc'h dre urzhioù truezus,
Dirak ma daoulagad bepred en ho kwelan,
Ha war hoc'h holl boanioù deiz ha noz e ouelan.

O deiz leun a c'hlac'har, o deiz leun a dristez,
An deiz am distagas diouzhoc'h, ma bugale!
O kimiad glac'harus! E-keit ha ma vevin
Em bo soñj ac'hanout, biken n'az ankouain.

Heñvel ouzh Jeremi hag ouzh ar Yuzevion
Er gêr a Vabilon pell amzer sklavourion,
Bemdez, en ur soñjal ennoc'h ha'n ho poanioù
Gant houlennoù ar mor e kejan ma daeroù.

War ur roc'h azezet, ma-unan, 'tal an aod,
E ouelan gant glac'har, e c'hlebian ma diwjod,
E c'hlebian ma diwjod, siwazh! gant ma daeroù
Gant ar soñj ac'hanoc'h en tu all d'ar morioù.

O tud vât benniget! Men emañ aet war-se
An amzer evrus-hont hag am c'havec'h bemdez
'Vit klevout komz Doue, diskargañ ho kalon,
Hag en em gonfortiñ dre ar gomunion.

LE PRÊTRE EXILÉ

Écoutez un recteur de l'évêché de Vannes, loin du royaume exilé pour la foi. Son corps est loin de vous mais elles ne vous ont quittés, sa pensée ni son cœur!

Depuis le cruel instant où m'ont éloigné de vous des ordres impitoyables, je vous ai toujours là, devant mes yeux et, jour et nuit, je pleure en pensant à vos peines!

Ô ce jour plein de deuil, ce jour plein de douleur qui m'a séparé de vous, mes enfants! Ô désolant adieu, toujours je me souviendrai de toi! Jamais ne t'oublierai!

Et je suis comme Jérémie, je suis comme les malheureux juifs durant leur longue captivité à Babylone. Et chaque jour, songeant à vos grandes peines, je mêle mes larmes aux flots de la mer.

Et je suis là, assis sur un rocher, seul au bord du rivage et mes pleurs inondent mes joues. Oui, mes larmes mouillent mes joues quand je pense à vous par-delà les mers.

Ô bon peuple béni, où est-il ce temps heureux où vous me trouviez chaque jour pour vous parlez de Dieu, pour décharger vos cœurs et vous soutenir par la communion?

Ah, chers enfants, dans quel état êtes-vous? Chaque jour vous me cherchez, jamais vous ne me trouverez plus. Moi,

Ha ma bugale gaezh! E pe stad ez oc'h-c'hwi?
C'hwi am goulenn bemdez ha n'em c'havit ket mui;
Me ho klask eus ma zu; met, o! pezh un druez!
N'hoc'h eus ket mui a dad, na me a vugale!

O deñvedigoù kaezh! Petra 'vo ac'hanoc'h?
Ha piw ho konforto, piw a roy sikour deoc'h?
O Jezuz, pastor mat, ho pet soñj anezhe,
Hag astennit ho torn e pep amzer dezhe.

Speredoù evurus, o sent ha sentezed,
C'hwi, Rouanez an neñv, chomit gante bepred,
Roit dezhe skoazell en o holl ezhommoù,
Roit dezhe frealz en ho holl drubuilhoù.

Douar a Vreizh Izel, o ma bro glac'haret!
E pebezh mor a c'hloaz ez out-te bet taolet?
Gwech-arall e oas brav, joaus holl ha laouen,
Bremañ te 'zo mantret, siwazh! gant an anken.

Ur vandenn treitourion hep feiz hag hep lezenn
He deus da ziorblet ha laket pep eil penn;
Lamet o deus ganit levenez da galon
Forbannet eskibion, menec'h ha beleion.

Eskibion, beleion ha menec'h forbannet,
Gant al leanezed ar vro holl dilezet;
Tamm oferenn 'bet mui, na mui sakramantoù,
Hag an drein o kreskiñ e-barzh hon ilizoù.

Liñselioù an aoter, kroaz ha kalir saotret,
Ha gante ar c'hleier e pep parrez laeret,
An iliz e begin hag he madoù forzhet,
Eus an armel santel ar Salver forbannet.

Saotret eo an iliz, laket da varchosi,
Koulz hag an aoter vras da un daol da zebriñ.
Sed ar gwir gristenion, an dud vat o ouelañ,
Hag ar re fall pep lec'h, pep lec'h, ouzh o gwanañ.

je vous cherche aussi. Hélas, vous n'avez plus de père et je n'ai plus d'enfants!

Chères brebis, qu'allez-vous devenir? Qui vous assistera, vous portera secours? Ô Jésus, bon pasteur, ne les oubliez pas, tendez-leur la main en tous temps!

Esprits heureux, saints et saintes et vous Reine du ciel, ne les quittez jamais! Donnez-leur aide en leurs devoirs et consolation dans leurs maux!

Ô terre de Basse-Bretagne, ô mon pays désolé, dans quel océan d'affliction as-tu été précipité! Tu étais un beau pays, pays de joie. Maintenant te voilà nâvré de douleur.

Une troupe de traîtres, hommes sans foi ni loi, t'a ébranlé, bouleversé, pauvre pays; t'ont ravi toutes joies du cœur, chassé évêques, moines et prêtres.

Chassé évêques, moines et prêtres et les religieuses ont fui. Plus de messe ni sacrements! Poussent les ronces en nos églises.

Nappes, croix et calices ont été profanés; cloches volées en toutes paroisses. Veuve est l'Église, spoliée de ses biens. Le cher Jésus exilé de son tabernacle!

L'église est profanée, devenue écurie, le maître-autel table à festins. Vrais chrétiens, honnêtes gens pleurent. Partout les méchants les oppriment.

Nos péchés vous ont irrité, ô mon Dieu! Oui, nous sommes les auteurs de tous ces maux qui nous accablent. Quand nous sommes fidèles, Vous nous êtes fidèle. Nous nous sommes éloignés de Vous et Vous Vous éloignez de nous.

Miséricordieux pourtant dans votre colère, du profond de nos afflictions vous faites sortir le bonheur. Ayez pitié, mon Dieu, nous sommes vos enfants! Pardonnez-nous le mal que nous avons fait!

O Doue! fachet oc'h 'n abeg d'hor pec'hedoù,
Ni hon-unan a zo kiriek d'hon holl boanioù;
Pa vimp-ni feal deoc'h, c'hwi a vo feal dimp,
Pellaet hon eus diouzhoc'h, ha c'hwi 'bella diouzhimp.

En ho kourdrouz, neoazh! oc'h leun a vadelezh,
Hag e-kreiz hon anken, c'hwi 'ginnig dimp ar peoc'h.
Truez, o ma Doue! Ni 'zo ho pugale,
Diouzh an droug hon eus graet hon diskargit neuze.

D'an holl rouantelezh, d'an Iliz glac'haret,
Daskorit, o Doue, ho madelezh, a-bred,
Ho pet truez ouzhimp, Doue a garantez,
Daskorit dimp ar peoc'h, daskorit dimp ar feiz.

Pegoulz e vezimp-ni, pastored ha deñved,
'Vit ho meuliñ, Doue, 'vel a-gent, dastumet?
Pegoulz e teuy an deiz da sec'hañ hon daeroù
Ha da ganañ gloar deoc'h e-kreiz hon ilizoù?

O deiz a evrusted! O deiz leun a zouster!
Ma soñj a zo ganit bemdez e pep amzer;
Doue a vadelezh, hastit an termen-se
'Vit ma c'hellin-me c'hoazh gwelout ma bugale.

Kae, kanenn hirvoudus, konfort eus ma spered,
Kae ha lavar d'am fobl ma holl c'hlac'har kalet.
Dougit-hi, Aeled mat, ha lavarit dezhe
Emañ ha deiz ha noz ma holl soñjoù gante.

Turzhunell, eostig-noz, gant an amzer nevez
Ez efot da ganañ ouzh dor ma bugale;
Ha perak ne c'hellan nijal ivez ganeoc'h,
'Vit monet, dreist ar mor, bet' hon bro, eveldoc'h?

A! Grit evel em lec'h, kanit a bouez ho penn :
— Dalc'hit mat ouzh ar Feiz, dalc'hit ouzh ho lezenn!
Ha grit dezhe respont : Ni 'zalc'ho ouzh ar Feiz!
Kentoc'h mervel mil gwech 'vit ankouaat hon Doue!

Rendez bien vite vos bontés à tout le royaume, à l'Église affligée. Ayez pitié de nous, ô Dieu d'amour! Rendez-nous la paix et rendez-nous la Foi!

Quand serons-nous tous réunis, tous, pasteurs et troupeau pour chanter vos louanges? Quand viendra-t-il le jour qui sèchera nos larmes? Le jour où nous pourrons chanter votre gloire dans nos églises?

Jour de félicité, plein de douceur! A toute heure je songe à toi, à tout instant, Dieu de bonté! ô Dieu, hâtez l'instant où je reverrai mes enfants!

Vole, chant de tristesse, consolation de mon cœur! Vole et dis à mon peuple comme elle est grande, ma douleur! Oui, portez mon chant sur vos ailes, ô bons anges, et dites-leur que jour et nuit je pense à eux.

Tourterelle, et toi rossignol de nuit, au temps nouveau, vous allez chanter à la porte de mes enfants. Que ne puis-je y voler comme vous! Oui, oiseaux, que ne puis-je voler comme vous jusqu'à mon pays, par-delà les mers!

Dites-leur comme je le désire! Chantez-leur de toutes vos forces! Gardez bien votre foi, gardez bien votre loi. Chantez en sorte qu'ils vous répondent: — Oui, nous garderons notre foi. Et plutôt souffrir mille morts plutôt qu'oublier notre Dieu!

CHANTS DRAMATIQUES

GWERZIOU

MARKIZ TREDREZ

Selaouit-holl hag e klevfet
 Ur werz a zo nevez-savet
 Ur werz a zo nevez-savet,
 D'ur plac'hig yaouank ez eo graet.

D'ur plac'h yaouank 'zo bet skrapet
 War hent Leon, 'vont d'ar Yeoded,
 Bet skrapet gant Markiz Tredrez
 Eus an hent war e inkane.

*

'N aotrou Tredrez a c'houlenne
 Ouzh ar plac'hig pa'z he c'have :
 — Plac'hig yaouank, din lavarit,
 Pelec'h ez it pe ez oc'h bet?

— D'ar pardon d'ar Yeoded ez an
 'Vit kofes ha komuniañ,
 'Vit kofes ha komuniañ,
 Gonit ar pardon mar gellan.

'N aotrou Tredrez a lavaras
 D'ar plac'h yaouank 'vel m'he c'hlevas :
 — 'Vit d'ar pardon ned efot ket,
 Ganin da Dredrez e teufet;

LE SEIGNEUR DE COATREDREZ

Écoutez tous et vous entendrez une chanson nouvellement composée. Une chanson nouvellement composée, composée sur une jeune fille.

Sur une fille qui fut enlevée sur le chemin de Léon, comme elle allait au Yaudet. Enlevée elle fut par le marquis de Coatredrez de dessus le chemin, sur la haquenée du marquis.

*

En rencontrant la jeune fille, le seigneur de Coatredrez demandait : — Dites-moi donc, jeune fille, d'où venez-vous? Où allez-vous?

— Je vais au pardon du Yaudet me confesser et communier. Me confesser et communier, gagner le pardon si je puis.

Le seigneur de Coatredrez dit sitôt à la jeune fille : — Quant au pardon vous n'irez point, mais avec moi à Coatredrez!

La belle je vous apprendrai à aller seule par les chemins! — Sauf votre grâce, seigneur, excusez-moi, je ne suis pas seule par les chemins.
Je ne suis pas seule par les chemins. Je suis restée à boire de l'eau à la fontaine. Mes parents sont partis devant.

Plac'hig yaouank, me ho tesko
Da vont hoc'h-unan dre 'n hentoù!
— Sal-ho-kras, aotroù, me ho ped,
Ma-unan dre amañ n'on ket,

Ma-unan dre amañ n'on ket,
D'evañ dour-feunteun on chomet,
D'evañ dour-feunteun on chomet,
Ha ma re war-raok a zo aet.

An aotrou Tredrez a lare
Na d'e balafrigner neuze :
— Didaolez-hi din war ma marc'h,
Ac'hane 'parlanto he gwalc'h!

— Sal-ho-kras, ma mestr, ne rin ket;
Glac'hariñ ur plac'h n'houlan ket,
N'houlan glac'hariñ he c'halon,
Ur plac'h fur eo, plac'h a-feson!

'N aotrou Tredrez 'vel ma klevas
Diwar e varc'h a ziskennas;
Diwar e varc'h eo diskennet,
Ur fasad d'e baotr 'n deus roet.

Ur fasad d'e baotr 'n deus roet;
A-vriad er plac'h eo kroget,
A-vriad er plac'h eo kroget,
War gein e varc'h 'n deus he laket.

Ur mouchouer gwenn ampezet
War he genoù en deus laket,
'Vit na vefe anavezet
Gant an dud o vont d'ar Yeoded.

Ar plac'hig yaouank a lare
E-biou d'he re pa dremene :
— En an' Doue, mar am c'harit,
Kumpagnunez, ma sikourit!

202

Le seigneur de Coatredrez disait, disait au valet d'écurie : — Jette-la moi vite sur mon cheval, elle y parlera tout son saoûl !

Sauf votre grâce, mon maître, je ne l'y jetterai point, pour désoler la pauvre fille. Je ne veux pas navrer son cœur. Elle est honnête et sage fille.

L'entendant qui parlait ainsi, le seigneur sitôt descendit. Le seigneur sitôt descendit et il souffleta le valet.

Oui, le valet il souffleta, prit la jeune fille à bras le corps et la jeta sur son cheval.
Un grand mouchoir blanc empesé sitôt appliqua sur la bouche pour qu'elle ne soit reconnue des gens se rendant au Yaudet.

Comme elle passait près des siens, la pauvre fille demandait : — Ô, de par Dieu, si vous m'aimez, mes parents, portez-moi secours !
Et les gens lui répondaient : — Vous secourir nous ne pouvons si c'est le seigneur qui vous veut. » Et le valet disait encore : — Ôtez le mouchoir ! Le sang elle vomit, je dis le sang à pleine bouche ! — Qu'elle vomisse donc ! Les femmes sont pleines de ruse. »

*

Le seigneur de Coatredrez ordonnait à sa gouvernante : — Mettez vite la broche au feu pour son souper et pour le mien ! »

Mais la pauvre fille disait : — Mangez, buvez, comme il vous plaît ! Pour moi, je ne mangerai point ! »
Puis disait à la gouvernante : — Gouvernante, si vous m'aimez, faites que je couche avec vous.
— Avec moi vous ne coucherez. Votre lit est fait dans la chambre haute. Votre lit est fait dans la chambre haute pour coucher au lit avec le seigneur. »

— Allaz! Ho sikour n'hellomp ket
Pa'z eo Tredrez 'n deus ho c'hoantaet!
'Met ar palafrinier neuze
D'an aotrou Tredrez a lare :

— Lamit diouti ar mouchouer
'Leizh he genoù e taol he gwad!
— Lez-hi da deurel pezh a garo,
Ar merc'hed 'zo leun a ardoù!...

*

'N aotrou Tredrez a lavare
D'e c'houarnerez p'errue :
— Lakit 'ta ar ber 'us d'an tan
D'ar plac'hig ha din-me d'hon c'hoan!

Ar plac'hig yaouank a lare
D'an aotrou Tredrez p'en kleve :
— Debrit, evit pezh a garfet,
Evidon-me ne goanin ket.

Ar plac'hig yaouank a lare
D'ar c'houarnerez en noz-se :
— Gouarnerez, mar am c'harit,
Grit ma'z in ganeoc'h da gousket.

— 'Vit ganin-me ne gouskfet ket,
Er gambr uhel ez eo bet graet
Ho kwele, 'zo bet kempennet
Gant 'n aotrou Tredrez da gousket.

An aotrou Tredrez a lare
D'ar plac'hig yaouank en noz-se :
— Na deut-hu ganin d'ar jardin
Da glask ur boked louzou fin;

Da glask ur boked louzou fin,
Ar varjolen, an turkantin,
Ar varjolen, hag al lavand
A zere ouzhoc'h, plac'hig koant!

Lui-même le seigneur demandait ce soir-là à la pauvre fille : — Au jardin venez avec moi, cueillir un beau bouquet de fleurs.

Cueillir un beau bouquet de fleurs, fleurs de marjolaine et de thym. Fleurs de marjolaine et de thym, bouquet qui vous sied, fillette jolie!

Et la pauvre fille disait, arrivant auprès du jardin. — Adieu donc ma mère! Adieu donc, mon père! Jamais ils ne vous reverront, mes yeux!

— Seigneur, veuillez me prêter des couteaux, couper les tiges de mes fleurs. Couper les tiges de mes fleurs. Oui, couper les trop longües tiges! »

Le seigneur de Coatredrez mit sitôt la main dans sa poche. Mit sitôt la main dans sa poche. Trois petits couteaux il en retira.

Un à manche noir, un à manche blanc, un autre en or jaune soufflé. C'est le premier que la fille a saisi et dans son cœur se l'est plongé.

Quand se détourna le seigneur la jeune fille était sur la bouche. L'était au milieu du jardin et la tête dans les genoux.

Le seigneur colérait encore. Le seigneur mauvais colérait : — Si je n'avais craint de damner mon âme, tu ne serais allée vierge devant Dieu! »

*

Aux gens de sa maison le seigneur commandait : — La nuit est avancée. Que chacun se repose!

Et la gouvernante disait au seigneur cette même nuit : — Souvent je vous ai averti au sujet du vin, au sujet des femmes. Je vous ai dit que celle-ci est sœur de lait de Kerninon. Non il n'est personne en cette maison qui ne connaisse votre nuit, votre nuit aussi bien que vous.

Ar plac'hig yaouank a lare
'Kichen ar jardin p'errue :
— Adeo, ma mamm, adeo, ma zad!
Biken n'ho kwelo ma daoulagad!

Aotrou, prestit din kontelloù
Da droc'hañ treid ma bokedoù,
Da droc'hañ treid ma bokedoù
A zo re hir o garennoù.

An aotrou Tredrez pa glevas,
E zorn 'n c'hodell a vountas,
E zorn 'n e c'hodell 'n deus bountet,
Teir c'hontell dezhi 'n deus tennet.

Unan troad-du, unan troad-gwenn,
Un all c'hwezhet en aour melen :
En hini troad-du eo kroget,
'Kreiz he c'hâlon 'deus he flantet!

Pa zistroas 'n aotrou en-dro,
'Oa 'r plac'h yaouank war he genoù,
'Oa 'r plac'h yaouank 'kreiz ar jardin
He fenn 'tal pennoù he daoulin,

Ma lavaras c'hoazh an den fall
Pa welas he doa graet kemend-all :
— Panevet daoniñ ma ene,
N'oas ket aet gwerc'h dirak Doue!

*

'N aotrou Tredrez a lavare
Da holl dud e di en noz-se :
— Erru ez eo gwall-bell an noz,
Poent da bep den mont da repoz!

Ar c'houarnerez a lare
D'an aotrou Tredrez en noz-se :
— 'Lies em boa ho kelennet
War-benn ar gwin hag ar merc'hed,

— Si nul de vous ne me trahit, chacun en aura cent écus. Nous l'ensevelirons, la mettrons au cercueil. Nous lui sonnerons un glas mince. »

*

Le coq n'avait chanté le jour que le portail de Coatredrez était déjà brisé. Que le portail était brisé par Kerninon et tous ses gens.

Entrant dans le manoir, Kerninon souhaitait : — Bonjour et joie à tous en cette maison! Mais le seigneur de Coatredrez où donc est-il? »

Le palefrenier répondit : — Le maître est allé au loin traiter une petite affaire, ne reviendra pas cette nuit pour coucher à la maison.

— Tu mens, tu mens, palefrenier! Car ton maître est à la maison. C'est toi qui toujours l'accompagne prendre les filles sur les chemins. »

Entendant cela, le seigneur descendit l'escalier en vis. Descendit l'escalier en vis. Reçut un bien mauvais salut :
— Seigneur de Coatredrez dites-moi, qu'avez-vous fait de ma sœur de lait?
— Elle est là-bas, dans le jardin, sa tête auprès de ses genoux.
— Tu as tué ma sœur de lait! Je la vengerai, je le jure!

— Kerninon, laisse-moi la vie! Je te donne toutes mes rentes.
— Ce ne sont des biens que je veux! Vie pour vie, c'est ce qu'il me faut! Tu as tué ma sœur de lait. Ma sœur je dois la venger!

Sont allés dans la grande salle jouer de l'épée et du fleuret. Le marquis perdit le combat et Kerninon l'a transpercé.

Ispisïal war-benn houmañ
'Zo c'hoar-vager da Gernenan;
N'eus ket servijer en ho ti
N'oufe ho nozvezh koulz ha c'hwi.

— Mar karit n'am diskuilhfet ket,
Me 'roio deoc'h peb a gant skoed;
Ni he lïeno, archedo,
'Sono dezhi ar c'hlaz tano.

*

N'en doa kanet ar c'hog d'an deiz
Ma oa torret perzhier Tredrez,
Ma oa perzhier Tredrez torret
Gant Kernenan hag e baotred.

'N aotrou Kernenan 'lavare
E maner Tredrez p'errue :
— De-mat ha joa holl en ti-mañ,
'N aotrou Tredrez pelec'h emañ?

Ar palafrigner a laras
D'an aotrou Kernenan, p'en klevas :
— Aet eo en un tammig afer
Ne zeuio ket henozh d'ar gêr!

— Gaou a larez, palafrigner,
Emedi sur da vestr er gêr,
Rak te 'zo kustum da vont gantañ
War an hentoù da verc'heta!

'N aotrou Tredrez, 'vel ma klevas
Gant ar viñs d'an traoñ 'ziskennas,
Gant ar viñs pa'z eo diskennet,
Ur gwall salud bras en deus bet :

— Aotrou Tredrez, din-me larit,
D'am c'hoar-vager petra 'c'h eus graet?
— Emedi du-se er jardin
He fenn 'tal pennoù he daoulin!

Dur eût été le cœur de qui n'aurait pleuré en ce soir-là à Coatredrez, voyant la grande tache rouge du sang répandu du marquis.

Le seigneur de Kerinon disait à cet instant : — Mettez votre main sous la tête, qu'on lui donne l'absolution ! »

— Ma c'hoar-vager ac'h eus lazhet,
He digoll 'rankan da gaouet!
— Kernenan, lez din ma buhez,
Me 'roio dit ma holl leve!

— N'eo ket madoù a c'houlennan,
Buhez 'vit buhez a rankan :
Ma c'hoar-vager ac'h eus lazhet,
He digoll 'rankan da gaouet.

D'ar sal vras neuze ez int aet,
Da c'hoari 'r c'hleze, ar fleured;
Markiz Tredrez en deus kollet,
Kernenan en deus e dreuzet.

Kriz 'vije 'r galon na ouelje
'Barzh en Tredrez neb a vije
'Welout ar sal vras o ruziañ
Gant gwad ar Markiz o skuilhañ!

'N aotrou Kernenan a lare
En Maner Tredrez, er pred-se :
— Lakit ho torn dindan e benn
Ma vo roet dezhañ 'n absolvenn!

MARONAD AN AOTROU NEVET

— Ma den paour, petra 'zo degouezhet
Pa zeut d'ar gêr ker strafuilhet?

Ha pa'z oc'h ker glas ha rezin,
Ma denig paour, lavarit din;

Pa'z oc'h ker glas hag an Ankoù,
Petra 'zo degouezhet war ho tro?

— A-bred a-walc'h sur e klevfet
Doare eus pezh 'zo degouezhet;

A-bred a-walc'h sur e klevfet
Doare eus pezh am eus gwelet

'Dalek an ti betek ar vourc'h
Heul bras o vont, ouzh son ar c'hloc'h,

'N aotrou person er penn kentañ,
Un arc'h lïenet gwenn razañ,

Daou ejen bras ouzh he dougen,
Sternaj arc'hant ouzh o c'herc'henn,

Ha kalz a dud o tont war lerc'h
Stouet o fenn gant kalz a nec'h.

ÉLÉGIE
DE MONSIEUR DE NÉVEZ

— Pauvre homme, qu'est-il arrivé que si triste vous revenez?

Vous êtes vert comme raisin. Vite, pauvre homme, dites-moi, vous, livide comme la mort. Pauvre homme, qu'est-il arrivé?

— Assez tôt vous saurez ce qui est arrivé. Oui, assez tôt vous l'apprendrez!

Au son de la cloche, depuis la maison jusqu'au bourg s'avance le cortège. En tête Monsieur le recteur et ses gens. Devant lui, un cercueil dessous un drap blanc. Traîné par deux grands bœufs sous des harnais d'argent.
Suit une foule immense, la tête inclinée de grande affliction.

*

Cette nuit-là, Saint-Jean le valet frappait à la porte du recteur.

— Levez-vous, levez-vous, monsieur le recteur! Le seigneur de Névez est malade. Portez avec vous l'Extrême-Onction. Le vieux seigneur souffre beaucoup.

— Me voici, Monsieur de Névez. Vous souffrez beaucoup, me dit-on. J'ai apporté l'Extrême-Onction pour vous soulager si je puis.

Sant-Yann, ar mevel, a skoe
Ouzh dor ar person, en noz-se :

— Savit, savit, aotrou person!
An aotrou Nevet a zo klañv;

Kasit ganeoc'h ar groaz-nouenn,
War an aotrou kozh ez eus tenn.

— Setu-me deut, aotrou Nevet!
Tenn eo warnoc'h, am eus klevet!

Ar groaz-nouenn 'zo ganin-me
D'ho konfortiñ, mar gallan-me.

— Konfort ebet 'm eus da gaouet
E tu ma c'horf e-barzh ar bed;

E tu ma c'horf me n'em eus ket,
E tu ma ene, 'laran ket.

Goude ma oa bet kofesaet,
D'ar beleg en deus lavaret :

— Digorit frank dor ar gambr-mañ
Ma welin holl dud ma zi amañ,

Ma fried ha ma bugale
Tro-war-dro din ha d'am gwele,

Ma bugale, ma merourien
Kenkoulz ha ma servijerien,

Ma c'hellin dirazo kemeret
Hon Aotrou 'barzh mont diouzh ar bed.

An itron hag e vugale
Ha kement 'oa eno, 'ouele;

— Je n'attends nul soulagement aux maux de mon corps en ce monde. Nul soulagement aux maux de mon corps. A ceux de mon âme il se peut. »

Après avoir été confessé, Monsieur de Névez dit au prêtre.

— Ouvrez à deux battants la porte de ma chambre. Oui, ouvrez, que je voie tous ceux de ma maison.

Mon épouse, avec mes enfants réunis autour de mon lit. J'ai dit mes enfants, mes métayers et mes serviteurs aussi Que je puisse, devant eux tous, recevoir Notre-Seigneur avant de quitter ce bas-monde.

La dame et ses enfants pleuraient et tous les autres autour d'eux.
Lui, si calme les consolait. Si doucement il leur parlait.

« Soyez calmes! Ne pleurez pas! Chère épouse, Dieu est le maître.

Mes petits enfants, taisez-vous! La Vierge vous protègera!

Mes métayers, ne pleurez pas! Vous le savez, hommes des champs : Le blé est mûr, on le moissonne. Quand l'âge vient il faut mourir!
Ô taisez-vous, bonnes gens des campagnes, et vous aussi, pauvres de ma paroisse!
Comme j'ai pris soin de vous, mes fils prendront le même soin.

Ils vous aimeront comme je vous aime. Ils feront le bien de notre pays.

Ô bons chrétiens, ne pleurez pas! Nous nous retrouverons bientôt! »

Hag eñ ker reizh o frealze
Ha ker sioulig a gomze!

— Tavit, tavit, na ouelit ket,
Doue eo ar mestr, ma fried!

O! Tavit, ma bugaligoù,
Ar Werc'hez sakr ho tiwallo!

Ma merourien, na ouelit ket,
Tud war ar maez, gouzout a rit,

Pa 'vez azo 'n ed, 'vez medet,
Pa zeu an oad, mervel 'zo ret!

Tavit tud vat diwar ar maez,
Tavit, peorien kaezh ma farrez;

'Vel em eus bet soñj ac'hanoc'h
Ma faotred a daolo pled ouzhoc'h,

Eveldon-me i ho karo
Hag ober a raint mad hor bro,

Na ouelit ket, kristenien vat,
Ni 'n em gavo 'benn ur bountad.

*

D'ar yaou vintin, aotrou Karne
'Tont eus ar fest-noz, 'c'houlenne,

O tont d'ar gêr, war e varc'h gwenn,
Bordet e chupenn penn da benn,

E chupenn voulouz ruz glaou-tan
Bordet penn da benn gant arc'hant.

D'ar yaou vintin, aotrou Karne
O tont en-dro a c'houlenne :

Le jeudi au matin, le seigneur de Kerné demandait, revenant de la fête de nuit.

Demandait, revenant chez lui, chevauchant sur son cheval blanc, vêtu d'un habit galonné. De velours d'un rouge de feu galonné d'argent jusqu'en bas,

Au matin du jeudi le seigneur de Kerné, en s'en revenant au logis demandait :

— Pourquoi donc, messieurs, les Névez n'ont-ils point paru à la fête?

Oui, pourquoi donc, dites-le moi, alors qu'ils furent invités?

— C'est qu'on dit que le vieux seigneur est couché dans son lit, malade.

— Si malade est le vieux seigneur, allons prendre de ses nouvelles! »

Comme ils arrivaient au manoir, entendirent sonner les cloches. Virent la porte de la cour grande ouverte. Trouvèrent le manoir désert.

— Si vous êtes venu faire visite au maître, au cimetière vous le trouverez.

Hier on a allumé la flamme de la mort, hier on a vidé à fond toutes les cruches.

Monsieur le recteur a levé le corps. Il l'a mené avec honneur dans la chapelle.

Madame et ses enfants l'ont enseveli dedans un cercueil neuf.

Voyez ci encore toutes fraîches les traces du char qui l'a porté en terre.

— Daoust perak, va zudjentiled,
N'eo ket deut d'ar fest re Nevet?

Daoust perak, din-me lavarit,
Pa oant bet pedet da zonet?

— An aotrou kozh, 'vel ma klevan,
'Zo en e wele chomet klañv.

— Mar 'mañ 'n aotrou 'n e wele klañv,
Deomp da glask keloù anezhañ.

Pa oant 'tegouezhout gant ar gêr
Int a gleve son ar c'hleier,

Digoret frank 'oa ar perzhier
Ha den ebet 'barzh ar maner :

— Mar d-oc'h deut evit e welet,
E bered ar vourc'h e gavfet.

Bet eo bet dec'h tan ar maro,
Ha skarzhet mat an holl bodoù;

'N aotrou person deut d'e sevel
Ha d'e zougen kaer d'ar chapel,

E itron hag e vugale
D'e lïenañ en arc'h nevez;

Setu fresk amañ roudoù 'r c'harr
A zo aet d'e gas d'an douar.

Hag i da douch war o roñsed
Da zegouezhout gant ar vered.

Ha degouezhet gant ar vered
'Ranne o c'halon o welet

Ar c'hleuzier o vont d'e ziskenn
En toùll douar kriz da viken,

218

'N itron war lerc'h, gwisket e du,
War he daoulin, o ouelañ druz,

Hag e vugale o c'harmiñ bras
O daouarn ganto war o fas,

Dek mil den 'c'h ober kemend-all,
Hag an dud paour dreist ar re all.

Un anezho anvet Malgan
En deus graet ar maronad-mañ,

Eñ en deus ar werz-mañ savet
En enor d'an aotrou Nevet,

D'an aotrou Nevet benniget
A oa skoazell ar Vretoned.

JANEDIG AR SORSEREZ

— Kentañ ma'z is da Bariz da zeskiñ ar galleg,
Me ne ouien, ma Doue! nemet ma chapeled.

Met bremañ me 'm eus desket, me oar skrivañ ha
[lenn,
Ha kenkoulz hag ar beleg larout an oferenn.

Me oar kanañ 'n abostol 'barzh an oferenn-bred,
Ha kensakriñ an ostiv, mar be din permetet. —

— Larit-c'hwi din, merc'h yaouank, gant piw hoc'h
[eus desket
Hoc'h eus desket ar sekred evit gwallañ an ed?

— Gant ur c'hloareg yaouank a oa e ti ma zad,
Am c'hase bemnoz gantañ 'vit gwelout ar sabad.

Am c'hase bemnoz gantañ 'vit gwelout ar sabad,
Hag em eus desket an droug, e-lec'h deskiñ ar mad.

Ha pa'z erruen eno, ne gleven mann ebet
Nemet kaoz ar sorserien hag ar sorserezed;

Nemet kaoz ar sorserien hag ar sorserezed,
Hag e-lec'h deskiñ ar mad, an droug am eus desket! —

JEANNE LA SORCIÈRE

— Quand j'allai d'abord à Paris pour y apprendre le français, je ne savais, mon Dieu, que dire mon chapelet. Mais maintenant je suis savante : écrire et lire aussi je sais.

Aussi bien que le prêtre je sais dire la messe; à la grand'messe chanter l'Épître et consacrer l'hostie si ce m'était permis.

— Dites-moi : de qui avez-vous appris, jeune fille, le secret pour jeter un sort sur le blé?

— D'un jeune cloarec, habitant chez mon père, et qui, toutes les nuits, m'emmenait au sabbat. Oui, qui toutes les nuits m'emmenait au sabbat. Là j'ai appris le mal sans apprendre le bien

Sur le lieu du sabbat, n'entendais autre chose que tous les cent propos de sorciers et sorcières. Oui, tous les cent propos de sorciers et sorcières. Là j'ai appris le mal sans apprendre le bien.

— Dites-moi : de qui avez-vous appris, jeune fille, le secret pour jeter un sort sur le blé? Sept lieues à la ronde, n'a germé aucun blé. Aucun nouveau-né n'a reçu le baptême.

« Jeune fille, que faut-il avoir, que faut-il avoir pour gâter le blé? »

— L'œil gauche d'un corbeau mâle et le cœur d'un crapaud, et la graine de fougères en la nuit de Saint-Jean.

— Larit-c'hwi din, merc'h yaouank, gant piw hoc'h
                                    [eus desket,
Hoc'h eus desket ar sekred evit gwallañ an ed?

War-hed seizh lev diouzhoc'h n'eus diwanet tamm
                                    [ed,
Ha bugel bihan ganet, n'eus hini badezet?...

— Larit-c'hwi din, merc'h yaouank, petra 'zo ret
        ~   [kavout
Petra 'zo ret da gavout evit gwallañ an ed? —

— Na lagad kleiz ur malvran ha kalon un touseg,
An had dimeus ar raden, noz gouel-Yann dastumet.

Kentañ 'lakis ma louzoù da c'hout hag i oa mat,
'Oa 'n ur maezouad segal en doa hadet ma zad;

'Oa 'n ur maezouad segal en doa hadet ma zad,
Hag a oa aet d'en hadañ triwec'h hanter-boezellad,

Hag a oa aet d'en hadañ triwec'h hanter-boezellad,
Met nen eus ket bet ennañ triwec'h skudellad mat.

Me 'm eus ur c'houfrig-bahud e-barzh e ti ma zad,
Ar c'hentañ en digoro en devo kalonad!

'Zo ennañ teir naer-wiber o c'horiñ ur sarpant,
Hag a zêvo ar bed-mañ ma teu da ziflukañ.

Mar deu ma loenedigoù da ober bloavezh mat
E rankint bezañ bevet gant ur boued saourus-mat,

Ne vo ket gant laezh bruched eo e vezint bevet,
Pa vo gant ar gwad real eus an inosanted;

Pa vo gant ar gwad real eus an inosanted
Kent 'vit monet d'an iliz da vezañ badezet.

Me 'ouie lazhañ 'r bugel e kornig ar porched,
Prest da resev badeziant, hag ar beleg gwisket. —

La première fois que j'usai de mon sortilège à l'éprouver, ce fut dans un champ de seigle de mon père. Oui, ce fut dans un champ de seigle de mon père. Un champ ensemencé de dix-huit mi-boisseaux et qui ne rendit pas dix-huit bonnes écuellées.

Je possède chez mon père un petit coffre-bahut. Le premier qui l'ouvrira en aura bien du crève-cœur! Y trouveras trois vipères, toutes trois couvrant un serpent, destiné à incendier le monde entier. Si mes chères petites bêtes viennent à bien, viennent à bien, je les nourrirai d'une nourriture choisie.

Je ne leur donnerai lait de femme mais sang royal des innocents. Oui, sang royal des innocents recueilli avant qu'on aille à l'église où les innocents reçoivent le baptême.

Tuer l'enfant dans un coin du porche je savais. Juste avant qu'il soit baptisé, le prêtre déjà revêtu...

— Çà, Jeanne, à présent que vous êtes condamnée, que faut-il faire que les œufs ne produisent pas?
— Les placer au milieu d'un champ et faire du feu tout autour. La terre s'entrouvre et les engloutit. Mais je vous prie faire un grand feu d'enfer. Si un seul s'échappe il incendie le firmament.

Serais-je restée une année en vie, moi, Jeanne, j'aurais renversé ce monde!

— Arsa eta, Janedig, bremañ pa'z oc'h barnet,
Petra 'zo dleet d'ober 'vit na brodufont ket? —

— O lakat e-kreiz ur park, ober tan tro dezhe,
An douar a zigoro, a lonko anezhe!

Ha me ho ped, mar grit tan, grit ma vezo tan frank,
Mar achap hini 'nezhe, 'têvo ar firmamant!

Ma vijen-me bet chomet c'hoazh ur bloaz en buhez
Am bije laket ar bed da vont war e gostez! —

SANT JULUAN

Juluan 'zo den kalonek
A lignez nobl ha galloudek,
A ya un deiz, hep lakat mar,
Da draoñ ar c'hoad da chaseal.

En traoñ ar c'hoad pa'z erruas,
Gant ul loen rous e tegouezhas,
Ul loenig rous, pevar zroad gwenn,
Ha daou gorn savet war e benn.

— Juluan, lavar-te din-me,
Evit petra am heuliez-te?
Evit petra am heuliez-te
Mar n'eo evit kaout ma buhez?

Mar am lazhez, te a lazho
Da dad ha da vamm war un dro;
Te 'lazho da vamm ha da dad,
O daou, kevret 'n ur gwelead!

— Me guitafe kentoc'h ma bro
Eget ma teufen d'o lazhañ,
Kuitaat ma bro ha ma c'hartier
Mont gant ur priñs da servijer.

SAINT-JULIEN

Julien est un homme vaillant, de noble et puissante lignée. Un jour il part — on s'en souvient — chasser au bas de la forêt.

Chassant au bas de la forêt, il rencontre une bête rousse, bête rousse, quatre pattes blanches, portant deux cornes sur la tête.

La bête parle : — Julien, dis-moi, pourquoi me poursuis-tu ainsi? Pourquoi me poursuis-tu ainsi, si ce n'est pour prendre ma vie?

Si tu me tues, feras de même ton père et ta mère. Tous deux, tu tueras ton père et ta mère, oui, couchés tous deux dans le même lit.

— Non, je quitterai mon pays, plutôt que risquer les tuer! Oui, mon pays je quitterai et j'irai servir chez un prince. »

*

Régnait un prince qui l'aimait, aimait Julien comme son fils. Ce prince-là maria Julien à une grande demoiselle.

Ur priñs a oa hag en kare
'Vel unan eus e vugale,
Hag ar priñs-se en dimezas
D'un dimezell eus un ti bras.

Gouarner e di laket e voe
Ha kabiten war e arme...
Neuze tad ha mamm Juluan,
Pell 'oa en hirvoud hag en poan,

Skuizh-bras dre ar vro o vale,
O klask klevout eus e zoare,
En toull ar porzh pa'z errujont,
Un itron gaer a saludjont.

— Daou zenig kozh ha dereat,
Pelec'h oc'h bet ken diwezhat?
— O klask ur mab hon eus kollet
Ha Juluan ez eo anvet.

— Deportit ho taou, deut en ti,
Ganin-me e lojfot feteiz;
Ma fried n'emañ ket er gêr,
Aet eo 'vit un tammig afer.

Goude reiñ dezhe da goaniañ
O lak er gwele ar gwellañ...
Juluan pa'z erru er gêr
A oa temptet gant Lusifer,

Roet dezhañ d'grediñ parfet
E oa ur pezh-fall e bried.
Hag en e gambr pa'z antreas
Daou zen 'n e wele a welas,

Hag eñ o kemer e gleze
D'o lazhañ o daou 'n e wele.
War ar pavez pa ziskennas
Gant e bried paour 'n em gavas

Il fit Julien son gouverneur. Le fit commandant de l'armée. Le vieux père et la vieille mère se désolaient depuis longtemps.

Lassés de courir les pays. Partout cherchant quelque nouvelle. Devant la porte du palais ils saluèrent une belle dame.

— Salut à vous, bons vieillards, si tard d'où revenez-vous donc?

— Nous cherchons notre fils perdu, notre fils qui a nom Julien.

— Entrez, entrez dans la maison! Chez moi vous logez aujourd'hui. Mon mari reviendra bientôt, parti pour traiter une affaire. »

Leur ayant servi à souper, les fit coucher dans un bon lit. Quand Julien arriva chez lui, le Lucifer le possédait.

Qui avait soufflé à Julien que sa femme était infidèle? Quand il entra dedans la chambre, deux personnes il vit dans son lit.

Aussitôt saisit une épée et les tua tous deux dans le lit. Puis descendit sur le pavé, bientôt rencontra son épouse.

— Ma pauvre épouse, dites-moi qui avez-vous mis dans le lit? Qui avez-vous mis dans le lit? Je croyais vous avoir tuée.

— C'était votre père, votre mère, en chagrin et désolation. Lassés de courir les pays, partout cherchant de vos nouvelles.

— Ô Notre-Dame du Folgoat, la bête elle m'avait bien dit que je tuerais mon père, ma mère, tous deux couchés en même lit!

— Ma fried paour, din-me larit,
Piw 'n ho kwele 'c'h eus laket?
Piw 'n ho kwele 'c'h eus laket,
Me soñje 'oa c'hwi 'm boa lazhet?

— Ho tad hag ho mamm, Juluan,
Pell 'oa en hirvoud hag en poan,
Skuizh-bras dre ar vro o vale,
O klask klevout eus ho toare.

— Itron Varia ar Folgoad!
Al loen en doa din laret mat
E lazhfen ma mamm ha ma zad
O daou, kevret, 'n ur gweléad!

Dalit bremañ an alc'hwezioù
Ha eveshait ar madoù;
Me 'ya bremañ d'ar stêr Yorden
D'ober d'am zorfed pinijenn.

— Ma fried paour, antreit en ti,
Ma lakafomp o interiñ.
Lec'h ma yel unan, efomp hon daou,
Peogwir ez omp gwir briedoù.

Tenez, femme, prenez ces clefs et prenez soin de tous nos biens! A la rivière du Jourdain je pars pour faire pénitence.

— Mon pauvre mari, entrez! Faisons-les tous deux enterrer et tous deux, véritables époux, nous irons l'un ou ira l'autre.

AR BUGEL KOAR

Na mar karje Landregeriz
Alc'hwezañ kloz dor o iliz
Ne vije ket ar bugel-koar
Bet badezet e skeud al loar.

*

Ar vagerez a c'houlenne
Ouzh 'n aotrou Penfeunteun, un deiz :
— Mar plij ganeoc'h, din lavarit
Eus a belec'h e tistroit?

— Distreiñ a ran eus ar Ru vras
O prenañ ur sae satin glas
Brodet en-dro gant neud arc'hant
D'am fennherez, ur plac'hig koant!

— Ma klevfec'h ar pezh ouzon-me,
Biken he sae ne lakafe,
Biken he sae ne lakafe,
Hag ho taoulagad n'he gwelfe.

Ho merc'h 'deus graet ur bugel-koar
'Vit ho kas diwar an douar,
Ur bugel-koar hi he deus graet
Evit ho kas prim d'ar vered.

L'ENFANT DE CIRE

Si les habitants de Tréguier voulaient tenir barrée la porte de l'église, on n'y aurait point baptisé enfant de cire au clair de lune.

*

La nourrice demandait un jour à son maître de Penfeunteun : — Monsieur, dites-moi, s'il vous plaît, d'où revenez-vous à cette heure?

— De la grande rive je reviens, acheter une robe de satin bleu brodée d'argent tout autour, pour ma fille unique, ma gracieuse fille.

— Si vous appreniez ce que, moi, je sais, jamais votre fille ne mettrait la robe. Non, jamais cette robe elle ne mettrait! Ni jamais vos yeux ne la reverraient!

Votre fille a fait un enfant de cire pour vous expédier de dessus la terre. Votre fille a fait un enfant de cire pour vous envoyer tôt au cimetière.

Un enfant porté neuf mois entiers entre sa chemise et sa jupe. Oui, je dis bien porté neuf mois entre sa jupe et sa chemise.

Douget he deus-eñ nav miz kloz
Etre hec'h hiñviz hag he broz;
Douget he deus-eñ 'n pad nav miz
Etre he broz hag hec'h hiñviz.

An aotrou kozh p'en deus klevet
D'ar gêr buan 'zo deredet :
— Roit, ma merc'h, hoc'h alc'hwezioù
'Vit ober mezh d'ar gwall-deodoù!

Ar bennherez p'he deus klevet,
Teir gwech d'an douar 'zo kouezhet,
Teir gwech d'an douar eo semplet,
He lezvamm he deus he savet.

He lezvamm he deus he savet
Ha dezhi he deus lavaret :
— Roit d'ho tad an alc'hwezioù
Ma vo graet mezh d'ar gwall-deodoù!

— Alc'hwez an armel 'm eus kollet,
Alc'hwez an arc'h am eus torret,
Alc'hwez an arc'h am eus torret,
Me n'em eus ken alc'hwez ebet.

'N aotrou Penfeunteun konnaret,
En ur vouc'hal a zo kroget;
An arc'h kerkent en deus drailhet,
Ar bugel-koar en deus kavet.

En ul lïen e oa paket,
Ha gantañ ur yalc'h a gant skoed
Evit reiñ d'ar beleg diboell
En doa badezet ar bugel.

Teir gwech an deiz hi en save,
Teir gwech an deiz hi en broude :
Pa vroude 'nezhañ gant spilhoù
E save pistig d'an aotrou.

Entendant cela, le vieux maître est accouru à la maison.
— Ma fille, donnez-moi vos clés, confondre les mauvaises langues.

La fille, en entendant ces mots, trois fois à terre elle est tombée, à terre trois fois est tombée. Sa marâtre l'a relevée.

Sa marâtre l'a relevée par trois fois en lui disant :
— Donnez vos clés à votre père, confondre les mauvaises langues !

— Ma clef d'armoire j'ai perdu. Ma clef de l'arche j'ai cassé. Ma clef de l'arche j'ai cassé. Ne possède nulle autre clé. »

Monsieur de Penfeuteun, colère, a vite saisi une hache, et cette arche il l'a mise en pièces. L'enfant de cire il a trouvé.

L'enfant enveloppé de langes avec une bourse à cent écus, présent au prêtre sacrilège qui avait baptisé l'enfant.

Trois fois le jour elle le levait et trois fois le jour le piquait. Lorsqu'elle enfonçait des épingles, Monsieur avait point au côté.

Y enfonçait longues épingles. Au cœur il éprouvait douleur. Présentait l'enfant à la flamme. Monsieur maigrissait tristement.

*

Monsieur de Penfeuteun disait peu après à sa fille unique : — Ce dimanche, après la grand'messe, penhérès, vous serez brûlée !

— Oui, mon père, je serai brûlée. Moi-même porterai le bois.

Pa en broude gant spilhoù bras
En e galon e skoe gloaz;
Pa domme 'nezhañ ouzh an tan
An aotroù a yae moan-ouzh-moan!

*

'N aotrou Penfeunteun a lare
D'e bennherez nebeut goude :
— Disul, goude an ofern-bred,
Ma fennherez, c'hwi 'vo losket!

— O ya, ma zad, losket e vin,
Me 'zougo keuneud d'am leskiñ.
— Nann, ar c'heuneud ne zougfot ket,
Rak en ur c'harr c'hwi 'vo douget.

*

Ar bugel-koar, ar bennherez,
Ar paeron hag ar vaeronez,
O fevar ez int bet losket
Dirak an holl bobl dastumet;

Dirak an holl bobl dastumet
O fevar ez int bet losket,
Ar beleg yaouank disakret
Ha kerkent goude dibennet!

An aotrou kozh a ouele tenn
Hag a ziframme e vlev gwenn
O welout e verc'h o leskiñ
Pa n'en doa bugel nemeti!

— Le bois vous ne porterez pas. La charrette vous conduira.

*

L'enfant de cire, la penhérès et le parrain et la marraine, tous les quatre ont été brûlés devant tout le peuple assemblé.

Devant tout le peuple assemblé tous quatre ils ont été brûlés. Le jeune prêtre désacré avant qu'on lui coupe la tête.

Le vieux maître pleurait grandes larmes. Il s'arrachait ses cheveux blancs en voyant sa fille brûler, car il n'avait point d'autre enfant.

DOM YANN DERRIEN

— Dom Yann Derrien, kousket a rit
War ar pluñv dous, me ne ran ket!

— Petra 'zo d'ar c'houlz-mañ a'n noz
E toull ma dor oc'h ober trouz?

— Me eo ho mamm, Dom Yann Derrien,
'Zo amañ 'c'h ober pinijenn,

'Zo 'c'h ober pinijenn garo,
Dom Yann, aboe ma'z on maro.

— Ma mammig paour, din lavarit,
Petra 'zo defot 'n hoc'h andred?

— Gwechall ma oan war ar bed-se
Me am boa graet ur bromese,

Mont da Sant Jakez an Turki,
Hir eo an hent ha pell mont di!

— Ma mammig paour, din lavarit,
Servijout 'rafe din monet?

— Servijout 'rafe deoc'h monet,
Evel ma-unan ma ven bet.

DOM JEAN DERRIEN

— Dom Jean Derrien vous dormez sur la plume douce.
Mais moi je ne dors point ainsi :

— Qu'est-ce donc si tard dans la nuit qui fait du bruit à
ma porte?
— C'est moi, Dom Jean, moi votre mère qui suis à faire
pénitence. A faire dure pénitence depuis l'heure où je
mourus.

— Ma pauvre mère, dites-moi, dites-moi que vous
manque-t-il?
— Autrefois, en ce monde-là, autrefois j'avais fait le
vœu

D'aller à Saint-Jacques des Turcs. Longue est la route.
Lointain le voyage.
— Ma pauvre mère, dites-moi; servirait-il que je m'y
rende?

— Oui, Dom Jean, cela servirait comme si j'étais allée
moi-même.
Dom Jean disait en ce jour-là, disait à son père, à sa
sœur :

— Père, ma sœur, si vous m'aimez, donnez-moi deux,
trois cents écus.
Donnez-moi deux, trois cents écus, car j'ai à faire long
voyage.

Dom Yann Derrien a lavare
D'e dad ha d'e c'hoar, en deiz-se :

— Ma zad, ma c'hoar, mar am c'harit,
Roit din daou pe dri c'hant skoed,

Roit din daou pe dri c'hant skoed
'N ur veaj pell 'm eus da vonet.

— Bremañ 'ta pa'z oc'h beleget,
Bremañ, ma breur, hon c'huitafet?

— Me 'ya d' Sant Jakez an Turki
Evit ma mamm hag hoc'h hini.

*

Pa oa gant an hent o vonet
Gant un Turkiad eo 'n em gavet :

— Daoust dit pe guitaat da lezenn,
Pe vont er mor bras war da benn?

— Me n'guitain ket ma lezenn
Pa'z afen er mor war ma fenn!

Dom Yann Derrien a lavare
'N kreiz ar mor bras, war e gostez :

— Aotrou sant Jakez benniget,
D'ho ti em boa c'hoant da vonet,

Me a roy deoc'h un donezon
A vezo kaer 'deiz ho pardon

Me a roy deoc'h ur gouriz koar
A ray an dro d'hoc'h holl douar,

An dro d'ho ti ha d'ho pered
Ha d'hoc'h holl douar benniget,

— Maintenant que vous êtes prêtre, maintenant nous quitterez-vous?

— Je vais à Saint-Jacques des Turcs. C'est pour ma mère et votre mère. »

*

Dom Jean Derrien en bon chemin, le prêtre rencontra un Turc.

— Choisis : ou renonce à ta loi ou je te jette dans la mer!

— A ma loi ne renoncerai! Plutôt être jeté en mer! »

Au milieu de la grande mer, couché prêt à être jeté, dom Jean Derrien disait tout bas :

— Monsieur Saint Jacques le bienheureux, je voulais aller en votre maison. Monsieur Saint Jacques, un beau présent vous ferai au jour de votre pardon.

Je vous donnerai une ceinture de cire qui fera le tour de toute votre terre, de votre maison et du cimetière. Toute votre terre qu'avez bénie.

Faisant une fois, deux fois tout le tour de votre maison et viendra se nouer au crucifix.

A peine avait-il fini de parler qu'il se trouva dedans l'église.

*

Dedans l'église de Saint-Jacques, dom Jean Derrien disait : — Mon Dieu si j'avais du vin, un calice, quelqu'un pour répondre la messe!

A peine dom Jean avait-il parlé que calice et vin lui sont arrivés.

Oui, calice et vin lui sont arrivés, un ange avec eux pour servir la messe.

Comme Jean Derrien terminait sa messe. Tout soudain sa mère lui est apparue :

A ray un dro pe diw d'ho ti,
'Yel da skoulmañ d'ar Grusifi!

N'oa ket e c'her peurlavaret,
'Barzh an iliz eo antreet.

*

Dom Yann Derrien a lavare
En Sant Jakez pa'z errue :

— Ma'm bije gwin ha platinenn,
Ur re d' respont an oferenn!

N'oa ket ar ger peurlavaret
Gwin ha platinenn 'zo rentet,

'Zo rentet gwin ha platinenn,
Un Ael da respont 'n oferenn!

N'oa ket e ofern echuet,
E vamm dezhañ em ziskouezet :

— Kendalc'h, ma mab, kendalc'h bepred,
Ene da vamm 'c'h eus dieubet!

Ene da vamm 'c'h eus dieubet,
Da ene da-unan salvet!

Dom Yann Derrien a lavare
En Sant Jakez hag en deiz-se :

— Aotrou Sant Jakez benniget,
Grit c'hoazh ur burzhud em andred,

Plijet ganeoc'h ma'z in d'ar gêr,
Me 'roy deoc'h un donezon kaer;

Me 'roio deoc'h ur banniel gwenn
'Vo seizh kloc'h arc'hant ouzh e benn,

244

— Courage, mon fils, Jean Derrien, courage ! Tu as délivré l'âme de ta mère.

Tu as délivré l'âme de ta mère et ton âme à toi l'as sauvée aussi !,

A Saint-Jacques, dom Jean Derrien disait encore, ce jour-là :

— Monsieur Saint-Jacques bienheureux, pour moi faites encor un miracle !

Donnez-moi revenir chez moi. Je vous ferai un beau présent : Une grande bannière blanche avec sept clochettes d'argent.

La plus belle lampe d'or fin de toute la foire de Quintin, garnitures pour sept autels et messe chaque vendredi. »

A peine avait-il fini de parler qu'il se trouva dessus le seuil. Dessus le seuil de sa maison.

Transporté il fut chez son père. Dom Jean suait l'eau et le sang.

Sitôt que sa sœur l'aperçut, pour l'essuyer elle accourut. Elle prit un linge blanc pour essuyer soigneusement.

— Pauvre sœur ne m'essuyez point, que je verse ma sueur de mort ! L'âme de ma mère je l'ai délivrée et mon âme aussi j'ai sauvé.

Dieu pardonne à toutes les âmes son corps est sur les tréteaux noirs.

Dom Jean Derrien est devant Dieu. Puissions-nous nous y retrouver !

'Vo seizh kloc'h arc'hant ouzh e benn,
Hag un troad balan d'en dougen;

Me 'roio deoc'h ul lamp aour fin,
Bravañ hini 'vo 'n foar Kintin,

Ha gwiskamant d'ho seizh aoter,
Hag un oferenn bep gwener!

N'oa ket e c'her peurlavaret
War dreuzoù e dad eo rentet,

Rentet er gêr, e ti e dad,
O c'hweziñ an dour hag ar gwad!

E c'hoar, 'vel m'he deus e welet
'Vit e dorchañ hi a zo aet,

M'he deus tapet ul lïen gwenn
Evit e dorchañ penn da benn.

— Ma c'hoarig paour, na'm zorchit ket
Ken em bo ma c'hwezenn euvret,

Ene ma mamm 'm eus dieubet
Ha ma hini am eus salvet!

Doue d'bardono 'n holl anaon!
'Mañ e gorf paour war ar varskaoñ;

Bremañ emañ dirak Doue,
Gras dimp holl da vonet ivez!

AZENORIG C'HLAS

Azenorig 'zo dimezet
Ned eo ket d'he muiañ-karet;

Azenorig 'zo dimezet,
D'he dousig kloareg ned eo ket.

*

Azenor 'oa 'tal ar feunteun
Ha ganti ur vroz seiz melen,

War lez ar feunteun hec'h-unan
O pakat eno bleuñ balan,

Da ober ur bokedig koant
Ur boked da gloareg Mezlean;

Bout e oa hi 'tal ar feunteun
Pa dremenas 'n aotrou Youen,

'N aotrou Youen war e varc'h glas,
Kerkent, en ur redadenn vras,

Kerkent, en ur redadenn vras,
Hag outi damsellout a reas :

248

AZÉNOR LA PÂLE

La petite Azénor la Pâle est fiancée, mais non pas à son plus aimé.

La petite Azénor la Pâle est fiancée, mais ne l'est pas à son doux clerc.

*

La petite Azénor était assise, en robe de soie jaune, auprès de la fontaine.

Oui, seule auprès de la fontaine, assemblant des fleurs de genêt : pour en faire un joli bouquet, donner au clerc de Mezléan.

Assise au bord de la fontaine lorsque passa le seigneur Ives.

Le seigneur sur son cheval blanc tout soudain et au grand galop.

Tout soudain et au grand galop, la regardant du coin de l'œil.

— Cette fille sera ma femme, sinon nulle autre je n'aurai !

— Houmañ a vezo va fried,
Pe n'em bo, 'vit gwir, gwreg ebet

*

Kloareg Mezlean a lavare
Da dud e vaner, un deiz a voe :

— Pelec'h 'z eus ur c'hemegnader
Ma skrivfen d'am dous ul lizher?

— Kemegnaderien 'vo kavet,
Nemet re ziwezhat e vent.

— Va matezhig, din lavarit,
Na petra 'zo amañ skrivet?

— Azenor, me ne ouzon ket,
Biskoazh er skol ned on-me bet.

Azenor, me ne ouzon ket,
Digorit-eñ, hag e welfet.

Pa voe laket war he barlen,
Azenor a zeuas d'e lenn;

Ne oa ket evit e lenn mat
Gant an daeroù 'n he daoulagad.

— Ma lavar gwir al lizher-mañ,
'Mañ eñ tost da vervel bremañ!

*

N'oa ket he c'homz peurlavaret
Pa'z eo d'al leurdi diskennet :

— Petra nevez 'zo en ti-mañ
Pa welan 'n daou ver ouzh an tan?

250

Un jour le clerc de Mezléan demandait aux gens du manoir :

— Où y a-t-il un messager que j'écrive à ma douce amie?

— Des messagers on trouvera mais ils arriveront trop tard.

— Dites-moi, petite servante, quels sont les mots écrits ici?

— Azénor, je n'en sais rien, n'ai jamais été à l'école Azénor, je n'en sais rien. Ouvrez la lettre et vous verrez.

Elle la posa sur ses genoux. Se mit à lire.
Ne pouvait lire jusqu'au bout, tant ses yeux s'emplissaient de larmes.

Si elle dit vrai, cette lettre, il est sur le point de mourir.

*

Comme Azénor parlait ainsi, descendit jusque dans la salle.

— Qu'est-il de nouveau par ici que je vois au feu les deux broches. Que je vois les deux broches au feu, la grande et la petite broche.

Qu'est-il de nouveau par ici, qu'arrivent les ménétriers,

Qu'arrivent les ménétriers et les pages de Kermorvan.

— Ce soir, il n'est rien de nouveau, mais vos noces ont lieu demain.

— Si mes noces ont lieu demain, je m'irai coucher de bonne heure.

Demain je ne me lèverai que pour être ensevelie.

Pa welan 'n daou ver ouzh an tan,
An hini bras, 'n hini bihan?

Petra nevez 'zo en ti-mañ
Pa'z erru sonerien amañ,

Pa'z erru sonerien amañ
Ha floc'higoù a Germorvan?

— En ti-mañ n'eus netra henoazh,
Nemet hoc'h eured 'zo arc'hoazh.

— Mar d-emañ arc'hoazh va eured
Ez in-me a-bred da gousket,

Hag ac'hano ne savin ket
Ken na vin da lïenañ savet.

'Tronoz beure pa zihunas,
He matezh a gambr erruas,

He matezh a gambr erruas
Hag er prenestr en em lakas :

— Me 'wel an hent ha poultr ennañ,
Gant kalz roñsed o tont amañ;

'N aotrou Youen er penn kentañ,
Ra dorro e c'houzoug gantañ!

D'e heul, ha flec'h ha marc'heien,
Ha kalz tudjentil 'hed an hent;

Ha dindanañ un inkane gwenn
Ur stern aouret war he gerc'henn,

Ur stern alaouret penn da benn,
Un dibr voulouz ruz war e gein.

Le lendemain elle s'éveilla. Entra sa petite servante.

Entra sa petite servante. A la fenêtre se pencha.

— Je vois sur le chemin un nuage de poussière et foule de chevaux qui viennent par ici.

Messire Ives chevauche en tête. Puisse-t-il se casser le cou!

Derrière lui, au long du chemin, des chevaliers, des écuyers, tant de gentilshommes ensemble!

Messire monte un cheval blanc poitraillé d'un harnais doré,

D'un harnais doré tout du long. Cheval blanc le dos recouvert d'une housse de velours rouge.

— Maudite l'heure qui l'amène! Et maudits mon père et ma mère!

Jamais jeunes gens en ce monde ne feront au désir du cœur!

*

La petite Azénor la pâle pleurait en allant à l'église.
Ce jour Azénor demandait en passant près de Mezléan :

— Mon mari, si vous le voulez j'entrerai dans cette maison.

— Aujourd'hui vous n'entrerez pas! Demain, si c'est votre plaisir. »

La petite Azénor pleurait amèrement. Personne ne la consolait.

Personne ne la consolait si ce n'est la jeune servante.

— Mallozh d'an eur ma teu amañ!
D'am zad, d'am mamm, ar re gentañ!

Difennet eo d'an dud yaouank
Ober, er bed-mañ, diouzh o c'hoant.

*

Azenorig c'hlas a ouele
O vont d'an iliz en deiz-se.

Azenorig a c'houlenne,
A-biou Meslean pa dremene :

— Va fried, mar plij ganeoc'h-c'hwi,
Me yel ur momed tre en ti..

— Evit feteiz ned efet ket,
Arc'hoazh ec'h efet, ma karit.

Azenorig druz a ouele,
Ne gave den he frealzje,

Ne gave den he frealzje,
Met he matezhig, hi a rae :

Tavit, itron, na ouelit ket,
Gant Doue vïot digollet.

Azenorig c'hlas a ouele
E-tal an aoter da greisteiz;

Eus tal an aoter bet' an nor-dal
'Oa klevet he c'halon o strakal.

— Tostait, va merc'h, em c'hichen
Ma lakin war ho piz ar walenn.

— Oh madame, ne pleurez pas! Dieu vous en dédommagera!

La petite Azénor pleurait auprès de l'autel, à midi.

D'auprès de la porte d'église on entendait son cœur se fendre.

— Approchez, ma fille, approchez, qu'au doigt je vous passe l'anneau!

— Comme il m'est cruel d'approcher! Je n'épouse celui que j'aime!

— Vous péchez, petite Azénor, épousant un homme de bien qui a de l'or et de l'argent. Le clerc de Mezléan est pauvre.

— Quand je mendierais avec lui, cela ne regarde personne!

*

La petite Azénor disait en arrivant à Kermorvan :

— Ma belle-mère, dites-moi, en quelle chambre est fait mon lit?

— Près de celle du chevalier Noir. Ma fille, je vais vous conduire.

Azénor se laissa tomber sur ses genoux, et ses longs cheveux blonds épars.

Azénor se laissa tomber, son âme brisée de douleur — Mon Dieu, ayez pitié de moi!

*

— Madame ma mère, s'il vous plaît, où donc est allée ma femme?

— Poan 'zo ganin 'tostaat amañ
Pa n'em eus an hini 'garan.

— Azenorig, pec'hiñ a rit,
Un den a feson hoc'h eus bet,

Perc'henn en arc'hant hag en aour,
Ha kloareg Mezlean a zo paour.

— Ha pa ven gantañ o klask va boued,
Se ne ra tra da zen ebet!

*

Azenorig a c'houlennas
E Kermorvan pa zegouezhas :

— Va mamm-gaer, din-me lavarit,
Pelec'h emañ va gwele graet?

— Bout'mañ 'tal kambr ar marc'heg du,
Me ya d'en diskouez deoc'h diouzhtu.

War he daoulin 'n em strinkas krenn,
Disparfuilhet he blev melen,

War an douar, gant gwir enkrez :
— Va Doue! Ho pet ouzhin truez!

*

— Va mamm itron, ha me ho ped,
Pelec'h ez eo aet va fried?

— Er gambr d'an nec'h emañ kousket,
It-hu di hag he frealzit.

Pa zeuas tre 'kambr e bried :
— Eurvad deoc'h, intañv, 'deus laret!

— Se coucher dans la chambre haute. Montez-y et consolez-la!

Le mari entra dans la chambre. — Bonheur à vous, veuf! dit l'épouse.

— Notre Dame de la Trinité! Me prendriez-vous pour un veuf?

— Je ne vous prends pas pour un veuf. Dans peu de temps vous le serez.

Voici ma robe de fiancée qui vaut, je pense trente écus. Elle sera pour la servante à qui j'ai donné tant de peine, Qui portait des lettres perdues de Mezléan chez nous, mon mari.
Et voici un manteau tout neuf, un manteau qu'a brodé ma mère. Le manteau je le donne aux prêtres afin qu'ils prient Dieu pour mon âme.

Voici ma croix, mon chapelet; ils seront pour vous, mon mari. Gardez-les bien, je vous les remets comme un souvenir de vos noces. »

*

— Qu'est-il arrivé au hameau, que les cloches sonnent en tintant?

— Azénor vient de mourir, la tête sur les genoux de son mari.

Cette ballade fut écrite sur une table du manoir du Hénan, près de Pont-Aven, pour être à tout jamais chantée.

C'est le barde du vieux seigneur qui l'a composée. L'écoutant, l'a écrite une demoiselle.

— Itron Varia an Dreinded!
'Vit un intañv am c'hemerit?

— 'Vit un intañv n'ho kemeran ket,
Hogen e-berrig e vefet.

Setu amañ broz va eured,
A dalv, a gredan, tregont skoed,

Houmañ 'vo d'ar vatezh vihan
He deus bet ganin kalzig poan,

A zouge lizheroù kollet...
A Vezlean d'hon zi, va fried.

Setu ur vantell nevez-flamm
'Zo bet brodet din gant va mamm,

Houmañ 'vo roet d'ar veleien
Da bediñ Doue 'vidon-me.

'Vit va c'hroaz ha va chapeled
Ar re-se 'vo deoc'h, va fried.

Mirit-i mat, a! me ho ped,
Ma talc'hfec'h soñj eus hoc'h eured.

*

— Petra 'zo degouezhet, allaz!
P'emañ ar c'hloc'h o son ar c'hlaz?

— Azenor, mervel he deus graet,
He fenn war varlen he fried.

War un daol grenn 'Maner 'n Henañ
Ez eo bet savet ar werz-mañ,

'Maner 'n Henañ, 'tal Pond-Aven
Da vout kanet da virviken.

Barzh an aotrou kozh he savas
Hag un dimezell he skrivas.

AR BREUR MAGER

Bravañ merc'h denjentil 'oa dre amañ tro-war-dro,
Ur plac'hig triwec'h vloaz, Gwenolaig hec'h ano.

Maro an aotrou kozh, he diw c'hoar baour, hag he mamm;
Maro holl dud he zi, siwazh! nemet he lezvamm.

Truez 'oa he gwelout war dreuzoù dor ar maner
O skuilhañ daeroù druz, hag hi ken dous ha ken kaer,

O sellout ouzh ar mor, o klask lestr he breur-mager,
He holl gonfort er bed, a c'hortoze a bell amzer;

O sellout ouzh ar mor, o klask lestr he breur-mager;
Echuet 'oa c'hwec'h vloaz ma oa aet kuit eus ar gêr.

— Tec'hit du-hont, va merc'h, hag it da glask al loened;
N'ean ket d'ho magañ 'vit chom aze kousket.

Diw, teir eur kent an deiz 'veze dihunet ganti,
Er goañv, da c'houezhañ 'n tan, da skubañ pep korn a'n ti.

Da vont da gerc'hat dour da feunteun gwazh ar C'horred,
Gant ur c'hozh podig toull hag ur sailhig dizeonet.

An noz a oa teñval, an dour 'oa bet strafuilhet
Gant karn marc'h ur marc'heg o tistreiñ eus an Naoned.

LE FRÈRE DE LAIT

La plus jolie fille noble à la ronde, en ce pays-ci, était une jeune fille de dix-huit ans, du nom de Gwenola.

Il était mort, le vieux seigneur. Mortes aussi ses deux pauvres sœurs, morte sa mère. Ne restait que la belle-mère.

Et c'était grand-pitié de voir Gwénola, si douce et si belle, au seuil de la porte du manoir et qui pleurait amèrement

Elle demeurait là, ses yeux fixant la mer, y cherchant le vaisseau de son frère de lait.

Ce frère était sa seule consolation au monde. Depuis longtemps elle attendait, ses yeux fixant la mer. Y cherchant le vaisseau de son frère de lait qui depuis plus de six années avait quitté le pays.

— Dehors, ma fille ! Allez chercher les bêtes ! Je ne vous nourris pas pour demeurer à ne rien faire ! »

A l'hiver, la mauvaise femme la réveillait deux ou trois heures avant le jour pour allumer le feu et balayer la maison,

Aller puiser de l'eau à la source du Ruisseau des Nains avec une cruche fêlée, un seau fendu.

— Yec'hed mat deoc'h, plac'hig, ha c'hwi a zo dimezet?
Ha me yaouank ha sod a respontas : N'ouzon ket!

— Ha c'hwi 'zo dimezet, lavarit din, me ho ped!
— Sal-ho-kras, aotrou ker, dimezet c'hoazh me n'on ket

— Dalit va gwalenn aour, ha d'ho lezvamm lavarit
Oc'h dimezet d'ur marc'heg o tistreiñ eus an Naoned;

Gwall-c'hoari a zo bet, lazhet e floc'hig, du-se;
Eñ tizhet e-unan 'n e gof gant un taol kleze;

'Benn teir sizhun ha tri deiz, ha pa vo deut da vad,
E teuio d'ar maner, laouen ha skañv, d'ho kerc'hat.

Hag hi d'ar gêr diouzhtu, ha sellout ouzh ar bizoù :
Bizoù he breur-mager a zouge 'n e zorn dehoù.

*

Echuet ur sizhun, ha diw, ha fin an deirvet,
Hag ar marc'heg yaouank ne oa ket c'hoazh distroet.

— Ret eo deoc'h dimeziñ, soñjal 'm eus graet em c'halon
Ha kavet em eus deoc'h, va merc'h, un den a feson.

— Sal-ho-kras, va lezvamm, ne 'm eus c'hoant a zen ebet
Met eus va breur-mager a zo er gêr degouezhet;

Bet em eus digantañ gwalennig aour va eured
Ha dont a ray e-berr laouen ha skañv d'am c'herc'hat.

— Gant gwalenn hoc'h eured, me ho ped, serrit ho peg,
Pe me dapo ur vazh hag to tesko da brezeg;

Pe dre gaer, pe dre heg, e vo ret deoc'h dimeziñ
Da Jobig al Loareg, da baotrig hor marchosi.

— Da Jobig, me'n argas! Mervel 'rin gant ar glac'har!
Va mamm, va mammig paour! Ma vefes c'hoazh war an
[douar!

Sombre était la nuit. L'eau troublée par la monture d'un chevalier qui revenait de Nantes.

Bonne santé à vous, jeune fille! Dites-moi : seriez-vous fiancée?

Encore enfant, petite sotte, moi de répondre : —Je n'en sais rien.

— Êtes-vous fiancée? Dites-le moi, je vous prie.

Cher sire, sauf votre grâce, ne suis encore fiancée.

— Prenez ma bague d'or et annoncez à votre belle-mère que vous voici fiancée à un chevalier qui revient de Nantes.

Dites-lui : — Y eut là-bas grand combat. Un jeune écuyer y perdit la vie. Et le chevalier lui-même a reçu au flanc un coup d'épée qui l'a blessé.

Dites-lui que, dans trois semaines et dans trois jours, le chevalier sera guéri. Bien vite il viendra vous chercher, tout joyeux! »

Gwenola de courir aussitôt au manoir, de regarder l'anneau. C'était celui que son frère de lait portait à la main gauche!

*

Deux, trois semaines ont passé. Le chevalier point de retour.

La femme dit : —Il faut vous marier! J'y ai songé dedans mon cœur et je vous ai trouvé un homme qui vous convient.

— Belle-mère, sauf votre grâce, je ne veux pas d'autre mari que mon frère de lait qui est revenu au pays.

Mon anneau d'or de noce il m'a donné. Il viendra bientôt me chercher, tout joyeux.

— It 'ta da glemm er porzh, klemmit kement ha ma karfet,
Kaer 'po ober tailhoù, 'benn tri deiz 'viot dimezet!

*

Tro 'r mare-se e yeas ar c'hleuzier kozh dre ar vro
Gantañ e gloc'h bihan, o kas keloù ar maro :

— Pedit 'vit an ene 'zo bet an aotrou marc'heg,
'Keit m'eo bet war ar bed, un den mat ha kalonek,

A zo bet gwall-dizhet 'n e gof gant un taol kleze,
En tu all da Naoned, 'kreiz un emgann bras du-se.

Warc'hoazh 'tro ar c'huzh-heol e teraouo ar nozvezh
Ha kaset 'vo goude eus an iliz wenn d'e vez.

*

— C'hwi 'ya d'ar gêr a-bred! Maz an d'ar gêr, o! ya de!
— N'eo ket echu ar fest, na kennebeut 'n abardaez.

— N'on ket evit herzel gant an druez 'm eus outi
O welout ar paotr-saout tal ouzh tal ganti en ti.

En-dro d'ar plac'hig paour a ouele 'leizh he c'halon,
An holl dud a ouele ha zoken 'n aotrou Person;

En Iliz-parrez, er beure-se, 'n holl a ouele,
Re yaouank ha re gozh, nemet he lezvamm na rae.

Seul vui ar sonerien en ur zistreiñ a sone,
Seul vui he c'honforted, seul vui he c'halon a ranne.

Kaset 'voe ouzh an daol d'ar plas kentañ da goaniañ,
N'he deus evet banne na debret un tamm bara.

Aet int d'he diwiskañ, d'he lakaat en he gwele,
Strinket 'deus he gwalenn, roget he seizenn nevez,

266

— Taisez-vous, s'il vous plaît, avec votre anneau d'or de noces! Sinon un bâton je prendrai pour vous apprendre à parler!

Que vous le vouliez ou non, vous épouserez Job le Lunatique, notre jeune valet d'écurie.

— Horreur! Épouser Job! De chagrin je mourrai! Ma mère, ma pauvre mère, si vous étiez encore en vie!

— Allez pleurer dans la cour oui, pleurer tant que vous voudrez! Et faites aussi des grimaces, mais vous serez fiancée dans trois jours!

*

Vers ce temps-là, clochette en main, le vieux fossoyeur parcourait le pays porter la nouvelle de mort.

— Priez pour l'âme qui fut le seigneur chevalier de son vivant homme de bien, homme de cœur.

Qui a été mortellement blessé au flanc d'un coup d'épée. Ce fut au-delà de Nantes, dans une grande bataille, là-bas.

Demain, au coucher du soleil, on commencera la veillée. Ensuite le corps sera porté de l'église blanche à la tombe. »

*

— Vous vous en revenez de bien bonne heure!

— Si je m'en reviens? Oui, vraiment!...

— Mais la fête n'est pas finie, ni la soirée...

— Je ne puis contenir la pitié que j'éprouve. Et l'horreur que me fait ce gardeur de vaches en face de Gwenola dans la maison. »

267

Ha kuit 'maez eus an ti, diskabell-kaer, da vale;
Lec'h mañ aet da guzhat, den ebet ne oar doare.

*

Lazhet an holl c'houloù, ha kousket mat tud an ti,
Eo dihun ar plac'hig, lec'h-all, an derzhienn ganti.

— Na piw a zo aze? — Me, Nola, da vreur-mager!
— Te a zo aze, te! Te eo, te, va breurig ker!

Hag hi a lamm er-maez, ka kuit war lost e varc'h gwenn,
He brec'hig en-dro dezhañ, en he c'hoazez 'drek e gein.

— Ni ya buan, va breur! Kant lev hon eus graet, me 'gred!
Plijadur 'm eus ganit ma'm eus-me bet war ar bed.

Pell 'mañ c'hoazh ti da vamm? Me 'garfe bout degouezhet.
— Dalc'h mat atav, va c'hoar, 'vo ket pell 'vimp erruet.

Ar gaouenn a dec'he o youc'hal forzh dirazo
Koulz hag al loened gouez gant an trouz a oa ganto.

— Da varc'h a zo ken gwevn, da harnez a zo ken sklaer!
Me 'gav 'c'hanout kresket un tamm mat, va breur-mager!

Me 'gav 'c'hanout ken drant; pellik 'mañ c'hoazh da
[vaner?
— Dalc'h mat atav, va c'hoar; pelloc'h e tegouezhimp er
[gêr.

— Da galon a zo yen, ha da vlev a zo glebiet,
Da galon ha da zorn; me 'gred ac'h eus anoued!

— Dalc'h mat atav, va c'hoar, setu-ni tostik-meurbet,
Ne glevez ket mouezh skiltr sonerien drant hon eured?

N'oa ket laret e gomz e varc'h a-sav a chomas,
Ha tridal a reas hag a-bouez penn 'c'hwirinas;

268

Autour de la pauvre fille en pleurs, tous pleuraient. Le recteur aussi.

Pleuraient encore ce matin dans l'église de la paroisse jeunes et vieux. Oui, tous sinon la belle-mère.

Revenant au manoir, plus haut jouaient les sonneurs. Plus on consolait Gwenola plus son cœur était déchiré.

On l'a conduite à table pour souper, à la place d'honneur. Elle n'a bu une goutte d'eau, n'a mangé un morceau de pain.

Tout à l'heure ils ont voulu l'aider à se déshabiller, se mettre au lit. Au loin elle a jeté sa bague. Elle a déchiré son bandeau de noces.

Les cheveux en désordre, Gwenola s'est échappée de la maison. A couru se cacher, personne ne sait où.

*

Toutes chandelles éteintes, tous les gens du manoir dormaient profondément. Mais ailleurs, la pauvre fille veillait, dévorée de fièvre.

— Qui vient là?
— Moi, Nola, ton frère de lait.
— Est-ce toi? Est-ce toi vraiment, toi, mon frère? »

Nola sort, s'enfuit en croupe sur le cheval blanc de son frère. Du chevalier entoure la taille de ses bras.

— Comme nous courons, mon frère! Cent lieues nous avons fait, je crois. Comme je suis heureuse auprès de toi! Jamais je ne fus si heureuse!

Hag i 'n un enezenn, kalz tud enni o tañsal,
Paotred ha merc'hed koant, dorn ouzh dorn, en ur vragal;

Ha gwez glas tro-war-dro, i karget a avaloù,
Hag an heol o sevel a-dreñv war ar menezioù.

Hag ur feunteunig sklaer o tont d'an traoñ gant gwazhioù,
Anaon oc'h evañ, o tont adarre da veo,

Mamm Gwenola ganto, hag he diw c'hoar war un dro,
C'hoari a-walc'h eno, sonioù ha youc'hadennoù.

*

Antronoz, d'ar sav-heol, merc'hed yaouank a gase
Korf glan Gwenolaig eus an iliz wenn d'ar bez.

Est-elle encore loin, la maison de ta mère? Je voudrais nous y soyions déjà!

— Tiens-moi bien toujours, ma sœur! Nous y serons bientôt!

Devant, le hibou fuyait tout en cris. Comme les animaux sauvages effrayés du bruit de la course.

— Comme ton cheval est souple! Et comme brille ton armure! Je trouve qu'il a bien grandi, mon frère de lait!

Frère, tu es bien beau!... Ton manoir est-il loin encore?

— Tiens-moi bien fort toujours ma sœur! Nous arriverons tout-à-l'heure!

— Mais tes cheveux sont mouillés!... Ton cœur est glacé... Ton cœur et ta main sont glacés! Tu as grand froid, je le crains!

— Tiens-moi bien toujours, ma sœur! Nous voici tout près! N'entends-tu pas déjà les notes perçantes des joyeuses musiques de nos noces? »

A peine avait-il parlé que le cheval s'arrêta, frémissant, hennissant très haut.

Gwénola et son frère de lait se trouvaient dans une île où dansaient une foule de gens.

Beaux forts garçons et belles filles se tenaient en joie par la main.

Autour d'eux, des arbres verts chargés de pommes. Derrière eux le soleil qui se levait sur les montagnes.

Murmurait en ce lieu une claire petite fontaine. Des âmes venaient y boire, revenaient à la vie.

La mère de Gwénola et ses deux sœurs aussi se trouvaient parmi elles.

Là n'était que plaisir, chansons et cris de joie.

*

Le lendemain matin, au lever du soleil, des jeunes filles portèrent le corps sans tache de l'église blanche à la tombe.

EMZIVADEZ LANUON

Er bloavezh-mañ mil c'hwec'h kant tri ha pevar ugent
'Z eus er gêr a Lanuon ur gwalleur c'hoarvezet,

Er gêrig a Lanuon en un ostaleri
Da Berinaig Mignon a oa matezh enni.

— Aozit dimp-ni, ostizez, pep tra evit koaniañ,
Stripoù fresk ha kig rostet, ha gwin mat da evañ!

P'o devoe debret hag evet pep hini 'leizh e lêr :
— Setu'n arc'hant, ostizez, kontit blank ha diner;

Setu'n arc'hant, ostizez, kontit blank ha diner;
Ho matezh gant ul letern da zont d'hon c'has d'ar gêr!

Pa oant-i war an hent bras aet ur pennadig mat
Ur gomz kuzh war-benn ar plac'h 'treze 'devoa laret :

— Plac'hig koant, ho tentigoù, ho tal hag ho tiwjod
A zo gwenn evel eon ar c'hoummoù war an aod.

— Maltouterien, me ho ped, va lezit 'vel maz on,
'Vel bet laket gant Doue, evel-se 'fell din chom.

Ha pa ven kant gwech bravoc'h ha kant gwech bravoc'h
[c'hoazh
Ne ven 'vidoc'h, aotronez, ne ven na well na wazh.

274

L'ORPHELINE DE LANNION

En l'année mil six cent quatre vingt treize est arrivé un malheur dans la petite ville de Lannion à Perrinaïk Mignon qui était servante en une hôtellerie.

— Hôtesse, donnez-nous vite à souper : tripes fraîches, viande rôtie et bon vin!

Quand ils eurent festiné, bu tout leur soûl, ils crièrent :

— Hôtesse, voici de l'argent! Comptez les blancs et les deniers!

Oui, voici de l'argent, hôtesse, comptez les blancs et les deniers! Et donnez-nous votre servante portant un fanal pour nous reconduire chez nous.

Quand ils furent au loin sur le grand chemin, les hommes parlèrent bas en regardant la jeune fille.

— Belle enfant, vos dents, votre front, vos joues ont la même blancheur que l'écume sur le rivage!

— Maltôtiers, je vous en prie, laissez-moi faite comme je suis! Laissez-moi comme Dieu m'a faite!

Quand je serais cent fois plus belle, je dis bien plus belle cent fois, pour vous, messieurs, je ne serais ni mieux ni pire.

— A en juger par vos paroles choisies, on dirait mon enfant, que vous avez été enseignée par les moines en leur couvent!

— Croyez-moi, messieurs, jamais ne suis allée apprendre à parler avec les clercs, ni au couvent de Bégard ni ailleurs.

Mais dans la maison de mon père j'ai eu bien des bonnes pensées.

— Hervez ho komzoù mignon, ma merc'hig, me a gred,
Ez oc'h bet gant re Vegar pe gant kloer gwall-desket,

Hervez ho komzoù mignon, ma merc'hig, me a gred,
D'ar gouent o teskiñ prezeg gant menec'h ez oc'h bet.

— D'ar gouent o teskiñ prezeg e Begar n'on ket bet,
Na kennebeut e lec'h all avat gant kloareg 'bet;

Hogen e-barzh ma zi-me ha war oaled ma zad
Em eus graet, ma aotronez, 'bep seurt menozioù mat.

— Taolit aze ho letern, ha c'hwezhit ho kouloù;
Setu 'r yalc'h leun a arc'hant, ma hoc'h eus c'hoant ho
[po.

— N'on ket-me ur femelenn a ve dre ruioù Kêr
O kemerout daouzek blank ha c'hoazh triwec'h dinêr!

Me 'm eus da vreur ur beleg er gêr a Lanuon;
Mar klevfe pezh a larit e rannfe e galon.

Me ho ped, maltouterien, ho pet ar vadelezh
D'am zeurel e-kreiz ar mor kent 'vit tra dizonest!

Me ho ped, ma aotronez, kent evit seurt glac'har,
Kemerit ar vadelezh d'am lakat bev en douar.

Perina he doa ur vestrez karget a vadelezh
A chomas war an oaled da c'hortoz he matezh,

A chomas war an oaled, hep kemerout paouez,
Ken na sonas an diw eur, an diw eur kent an deiz.

— Savit 'ta, tra dibreder! Savit 'ta, Senesal!
Da vont da sikour ur plac'h en he gwad o neuial.

E kichen kroaz sant Jozef oa bet kavet maro,
He letern en he c'hichen, bev bepred he gouloù.

— Belle enfant, jetez votre lanterne! Soufflez-en la lumière! Voici une bourse pleine. Elle est à vous si vous le voulez.

— Je ne suis pas de ces filles qu'on voit par les rues des villes, à qui l'on donne douze blancs et dix-huit deniers.

J'ai un frère qui est prêtre dans la ville de Lannion. Son cœur se briserait à vous entendre.

Messieurs, je vous en supplie, jetez-moi au fond de la mer que je ne souffre pareil affront!

Oui, je vous en supplie, plutôt que me faire telle douleur affreuse, enterrez-moi toute vivante!

*

Périnaïk avait une maîtresse de grand'bonté qui demeura près du foyer attendre sa servante.

Qui demeura près du foyer sans se coucher, jusqu'à ce que sonnent deux heures, deux heures avant le jour.

— Levez-vous donc, insouciant! Levez-vous, messire sénéchal, pour aller secourir une jeune fille qui baigne dans son sang!

Près de la croix de Saint-Joseph on trouva morte la servante. La lanterne était auprès d'elle. Sa lumière vivait toujours.

AN TRI MANAC'H RUZ

Krenañ 'ran em izili, krenañ gant ar glac'har
O welout ar gwalleurioù a sko gant an douar,

O soñjal en taol euzhus 'zo nevez-c'hoarvezet
War-dro ar gêr a Gemper, ur bloaz 'zo tremenet.

Katelig Moal, gant an hent, a gane ur c'houblad
Pa zegouezhas tri manac'h hag i harnezet mat;

Hag i war o c'hezeg bras harnezet a bep tu,
O tegouezhout 'kreiz an hent! Ganti, tri manac'h ruz!

— Deut ganimp d'al leandi, deut ganimp, plac'hig koant!
Eno ne vanko deoc'h-hu nag aour pur nag arc'hant.

— Sal-ho-kras, va aotronez, ganeoc'h ned in ket me,
Aon am eus rak ho kleze a-ispilh 'n ho kostez.

— Deut ganimp-ni, plac'h yaouank, n'ho pezo droug ebet!
— Nan in ket, va aotronez, gwall-draoù a ve klevet!

— Gwall-draoù a-walc'h 'vez klevet gant an dud milliget;
Mil mallozh d'ar gwall-deodoù, da gement 'zo er bed!

Deut ganimp-ni, plac'h yaouank, n'ho pet aon ebet!
— Nan in ket, feiz! ganeoc'h-hu; gwell 've din bout
[dêvet!

278

LES TROIS MOINES ROUGES

De tous mes membres je frémis. De grande douleur je frémis quand je vois les malheurs qui affligent la terre; En me souvenant de l'horrible chose qui, voici un an passé, advint aux environs de la ville de Quimper.

La jeune Katel Moal allait son chemin, chantant une chanson, quand elle fut abordée par trois moines portant leurs armes.

Trois moines chevauchant leurs grandes montures, bardés de fer de la tête aux pieds. Trois moines rouges au milieu du chemin.

— Belle, venez-vous-en avec nous au couvent! Or et argent vous en aurez tant et plus, je vous le jure!

— Sauf votre grâce, mes seigneurs, non, je n'irai point avec vous. M'effrayent vos épées pendant à vos côtés!

— Belle, venez avec nous! Vous ne souffrirez aucun mal!

— Avec vous, non, je n'irai pas! On conte sur vous de vilaines choses!

— Les méchantes gens en content bien d'autres! Que ces langues méchantes soient mille fois maudites! Belle, venez avec nous! Soyez sans peur.

— Deut ganimp d'al leandi, ni ho lakay 'n hoc'h aez.
— Nan in ket d'al leandi, gwell eo din chom e-maez;

Bet 'z eus bet ennañ, 'glevan, seizh plac'h diwar ar maez
Seizh plac'h koant da zimeziñ, ha n'int ket deut e-maez.

— Ma'z eus bet ennañ seizh plac'h, c'hwi a vo an eizhvet!
Hag i d'he skeiñ war o marc'h, hag i kuit en ur red;

Hag i kuit 'trezek o c'hêr, hag i kuit en ur pred,
Ar plac'h a-dreuz war ar marc'h, he beg dezhi mouget.

*

Hag a-benn seizh pe eizh miz, pe 'n dra bennak goude,
Int a voe souezhet bras 'barzh an abati-se.

Hag a-benn seizh pe eizh miz, pe 'n dra bennak goude :
— Petra 'raimp-ni, va breudeur, bremañ eus ar plac'h-se?

— Bountomp-hi 'n un toull douar! — Gwell 've dindan ar
                                                    [Groaz!
— Gwell 've c'hoazh mar be laket dindan an aoter vras.

— Ya, deomp henozh d'he lakaat dindan an aoter vras
E-lec'h ne zeuio nikun eus he c'herent d'he c'hlask.

Tro mare ma serras 'n deiz, an neñv holl da frailhañ,
Glav hag avel ha grizilh ha tanfoeltr ar gwallañ!

Hogen ur paourkaezh marc'heg, glebiet-holl e zilhad,
'Oa o vale diwezhat, ar glav ouzh e bilat,

O vale dre aze 'klask un tu bennak un ti,
Hag eñ dont da zegouezhout gant iliz 'n abati.

Hag eñ monet da sellout dre doullig an alc'hwez,
Ha gwelout ar goulaouig 'oa enaouet aze;

Hag an tri manac'h a gleiz, o toullañ 'n aoter vras,
Hag ar plac'h war he c'hostez, staget he zreidig noazh.

— Non, vraiment, je n'irai point! J'aimerais mieux être brûlée!

— Avec nous venez au couvent! Tout y sera fait pour votre aise!

— Au couvent, non, je n'irai point! Je préfère rester dehors. Sept paysannes y sont allées, dit-on, belles filles à fiancer. Nulle n'est sortie de ce couvent.

— Allons, s'il y est entré sept jeunes filles, huitième fille vous serez!

Les moines l'ont jetée en travers d'un cheval. Ils se sont enfuis au galop.
Ils se sont enfuis vers leur commanderie, à toutes brides, la jeune fille en travers du cheval, un bandeau serré sur sa bouche.

*

Sept ou huit mois ayant passé, (sinon peut-être davantage) :

— Mes frères, que ferons-nous, maintenant, de cette fille?

L'un dit : Mettons-la en terre dans un trou! Un autre :

— Mieux vaut sous la croix!
— Mieux encore sous le maître-autel!
— Nous l'enterrerons ce soir sous le maître-autel. Qui donc de ses parents viendrait la chercher en ce lieu?

Vers la fin du jour tout le ciel se fend. Pluie, vent, grêle, tonnerre effroyable!
Par le pays voyageait tard dessous l'orage un pauvre chevalier, trempé de pluie. Cherchant au plus près quelque abri, il se trouva devant l'église de la commanderie.
Par le trou de la serrure il regarda, aperçut dans l'église une petite lumière,

Ar plac'h paour a glemme, c'houlenne forzh truez :
— Laoskit ganin va buhez, aotronez, 'n an' Doue!

Aotronez, en an' Doue, laoskit din va buhez,
Me 'valeo diouzh an noz, a guzho diouzh an deiz.

Ken na varvas ar gouloù, ur pennadig goude,
Hag eñ da chom 'toull an nor, hep fichal, spontet tre.

Ken na glevas ar plac'hig, en he bez o tamant :
— Me garfe d'am c'hrouadur olev ar vadeziant!

Hag evidon va-unan ar groaz-nouenn goude
Ma c'hellfen a galon vat mervel laouen neuze!

                            *

— Aotroù 'n eskob a Gernev, dihunit, dihunit,
C'hwi 'zo aze 'n ho kwele war ar pluñv blot kousket,

C'hwi 'zo aze 'n ho kwele war ar pluñv blot-meurbet
Hag ur plac'hig o tamant 'n un toull douar kalet,

O c'houlenn d'he c'hrouadur olev ar vadeziant
Ha goude ar groaz-nouenn eviti hec'h-unan.

Toullet 'voe an aoter vras dre urzh an aotrou Kont,
Ha tennet 'maez ar plac'h paour, pa oa 'n eskob o tont.

Ha tennet ar plac'hig paour e-maez eus an toull don,
Ganti he mabig bihan kousket war he c'halon.

Debret he doa he divrec'h, didammet he divronn,
Didammet he divronn wenn betek poull he c'halon.

'N aotrou 'n eskob a Gemper pa welas kement-se
'N em strinkas war e zaoulin da ouelañ war ar bez;

Teir noz, tri deiz e chomas 'vel-se en douar yen,
Gwisket gantañ ur sae reun hag e dreid diarc'hen.

Et trois moines, à gauche, creusant une fosse sous le maître-autel. Sur le côté une jeune fille, les chevilles serrées de liens,

Une pauvre jeune fille en pleurs, en pleurs et qui demandait grâce :

— Messeigneurs, laissez-moi ma vie! Au nom de Dieu vous en supplie! Je ne sortirai qu'à la nuit. Tout le jour je me cacherai.

Et la lumière s'éteignit. Le pauvre chevalier, stupéfait, demeurait immobile devant la porte.

Il put entendre la voix de la jeune fille demandant du fond de la fosse :

— Accordez à mon enfant l'huile sainte du baptême!

Et pour moi le sacrement de l'onction! Alors je mourrai contente et de bon cœur!

*

— Monseigneur, l'évêque de Cornouaille, éveillez-vous, éveillez-vous!

Vous êtes couché dans votre lit, sur la plume bien douce

Tandis qu'une malheureuse fille gémit en terre dure, au fond d'une fosse, implorant le baptême pour son enfant, pour elle-même l'extrême-onction.

Le seigneur comte de Quimper fit creuser sous le maître-autel. On retirait Katell Moal comme l'évêque arrivait.

De la fosse profonde on retira la pauvre fille tenant son enfant qui dormait sur son sein.

Ses deux bras elle avait rongé! Avait lacéré sa poitrine. Oui, déchiré sa blanche poitrine, l'ouvrant jusqu'à son cœur!

Quand le seigneur évêque vit telle chose affreuse, pleurant à deux genoux, se jeta sur la tombe.

Trois jours, trois nuits il demeura, à genoux dans la terre froide, pieds nus et vêtu d'une robe de crin.

A la fin de la troisième nuit, devant l'assemblée des

Hag a-benn an deirvet noz, an holl venec'h eno,
E teuas ar bugel da fichal etre en daou c'houloù,

Da zigeriñ e zaoulagad, da gerzhout war un dro,
Betek an tri manac'h ruz : — An tri-mañ 'n hini eo!

En tan ez int bet dêvet, hag o ludu gwentet,
Kastizet en o c'horfoù en abeg d'o zorfed.

moines, l'enfant vint à bouger entre les deux flambeaux funèbres.

Ouvrant les yeux, il marcha droit aux trois moines rouges et dit : — Ces trois moines sont les coupables! »

Ces trois moines-là furent brûlés vifs et leurs cendres jetées au vent. Leur corps fut châtié pour leur crime.

PARDON SANT FIAKR

Tostait holl, tud yaouank, ha c'hwi 'r re gozh ivez,
Hag e klevfot ur gentel 'zo savet a nevez,
War-benn un den yaouank-flamm a barrez Langoned
En deus kollet e vuhez dre zorn e vignoned.

— Deus ganimp-ni, ma mignon, deus, Loezig Rozaoulet,
Ha ni yelo da bardon Sant Fiakr ar Faoued.
— Tremenit, ma mignoned, tremenit, ned in ket;
Me 'zo oc'h ober va fask gant person Langoned.

— Yec'hed mat deoc'h, tad Moris, ha deoc'h, Mari Fraoe,
Lezit ho mab ganimp-ni da ober ur bale;
Lezit-añ da zont ganimp d'ar pardon, ni ho ped,
Ni 'welo reiñ ar boked da berson ar Faoued.

— It mat eta, tud yaouank, ganeoc'h e vo lezet,
Nemet 'raok ar c'huzh-heol, d'ar gêr ra vo degoue't.
— Tavit, tavit, tad Moris, tavit, na chifit ket,
Kent na vo kuzhet an heol, 'vimp d'ar gêr erruet.

*

Pa oa echu 'r brezegenn hag an oferenn-bred :
— Deut-hu ganimp-ni, Loezig, da Gerli ar Faoued
Da goaniañ, 'ti mamm-baeron, dilun omp bet pedet.
— Baleit-hu hoc'h-unan, baleit, ned an ket;

LE PARDON DE SAINT FIACRE

« Approchez tous, jeunes gens ! Vous, vieillards, approchez ici ! Vous entendrez un chant récemment composé sur un jeune homme de la paroisse de Langonet, qui a perdu la vie de la main de ses compagnons.

— Venez avec nous, venez Louis Raoulet ! Nous irons au pardon de saint Fiacre, au Faouët !

— Amis, passez votre chemin ! Eh, non, je n'irai point. Je m'apprête à faire mes Pâques avec le recteur de Langonet »

— Bonjour à vous, père Maurice ! Bonjour à vous, Marie Fraoué ! Qu'il soit permis à votre fils venir faire un tour avec nous. Laissez-le venir au pardon, s'il vous plaît. Nous allons offrir le bouquet au recteur du Faouët.

— Allez donc, jeunes gens, et emmenez Louis avec vous, mais qu'avant le soleil couché, Louis soit de retour ici.

— Ne craignez point, père Maurice, ne craignez point ! Avant le coucher du soleil ici nous serons de retour. »

*

Après la messe et le sermon : — Petit Louis viens-tu à Kerli ? A Kerli auprès du Faouët. Nous souperons chez ma marraine qui nous a invités lundi.

Baleit-hu hoc'h-unan, baleit, ned an ket;
Rak diwezhat 'ven er gêr, hag e ven skandalet.
Kement o deus graet warnañ, kement m'en deus sentet;
Gante Loezig Rozaoulet da Gerli a zo aet.

*

E korn an daol e Kerli 'ouele Loeiz Rozaoulet :
— 'Trou Doue, ma sikourit, petra am eus me graet?
'Trou Doue, ma sikourit, petra am eus me graet?
Soñj 'm boa bout a-bred d'ar gêr, ha setu me diwezhat!

— Tavit, tavit, Loezig, tavit, na ouelit ket;
Tri faotr omp-ni ganit-te, n'az pezo droug ebet!
Loezig Rozaoulet 'ouele 'korn an daol, trist-meurbet :
— Aotrou Doue, ma Jezuz, petra am eus me graet?

Hag ac'hano, d'an distro, e-tal kroazig an hent,
E kavjont Marianna a rede ken-ha-ken;
Kollet ganti hec'h holl dud, ha chomet hec'h-unan.
— Harzit, ma flac'hig kaezh, nan it ket ker buan!

'Tal kroaz Pennfell e kavjont Marianna Langoned
A oa mignon da Loezig, hag eñ dezhi meurbet :
'Barzh un hevelep kavell yaouankik bet laket,
Hag ouzh an daol, tal ouzh tal, alies e oant bet.

Ar plac'hig, pa'z o gwelas, a grenas spontet-bras,
Hag a lammas o youc'hal raktal betek ar groaz,
Ha gant he divrec'hig paour, reuzeudik he stardas :
— Loezig paour, deus d'am sikour, me 'zo kollet, siwazh !

— M'en argarzh, ma mignoned, kement-se 've pec'hed,
Kement-se 've pec'hed bras, kement-se ne vo ket;
Lezit-i da vont en hent, hep droug na gaou ebet,
Pe gant an aotrou Doue e vefot kastizet.

— Petra an Diaoul 'beg ennout, paotr bihan ar merc'hed?
Hag e krogont 'n e chupenn, met hi kuit o redek;

— Allez-y seuls! Je n'y vais point!

— Oui allez-y! Je n'y vais point! Je serais tard à la maison et les parents seraient fâchés.

Ils ont tant fait qu'il s'est rendu : Louis Raoualet les a suivis.

*

Au coin de la table, à Kerli, pleurait pleurait Louis Raoualet.

— Seigneur Dieu, venez à mon aide! Qu'ai-je fait? Moi je voulais rentrer de bonne heure à la maison. Il est bien tard!

— Tais-toi, petit Louis! Tais-toi donc! Ne pleure pas! Nous sommes trois hommes avec toi. Ne t'arrivera aucun mal. Mais Louis Raoualet, bien triste, pleurait là au coin de la table : — Jésus, Seigneur Dieu, qu'ai-je fait?

En s'en revenant rencontrèrent auprès de la croix du chemin, Marianna de Langonet qui s'en courait à perdre haleine. Marianna demeurée seule, ayant perdu tous les siens.

— Arrête, petite, ne cours pas si fort!

Auprès de la croix de Penfel rencontrèrent Marianna qui aimait Louis Raoualet et qui en était très aimée. Enfants on les avait couchés, couchés dans le même berceau Et bien souvent s'étaient trouvés face à face à la même table.

Marianna, voyant les garçons, se mit à trembler, s'élança en poussant un cri vers la croix, en serrant le fut de ses petits bras : — Mon pauvre Louis, à mon secours! Hélas, je suis perdue!

— Horreur! Ô mes amis, ce serait très grave péché. Laissez-la passer son chemin, sans lui faire ni mal ni outrage ou le Seigneur vous punira!

Hag int da vont war e lerc'h 'giz tri bleiz diboellet :
— Amañ, ma mignonig kaezh, amañ eo e varfet!

— Ma karit ma c'has da vourc'h Skeul, da doull dor ti ma
[zad,
Me a bardono pep tra deoc'h-hu a galon vat.
— Larit kenavo d'ho mamm ha da gement 'garfet,
Rak birviken tamm bara e bourc'h Skeul ne zebrfet.

— Arsa 'ta, ma mignoned, mervel pa'z eo ret din,
Kurunenn Santez Barba 'zo da dennañ diouzhin,
Kurunenn Santez Barba a zo kuzhet em sae,
Ha mar plij se gant Doue, e varvin goude-se.

Ha pa voe lazhet gante, i o deus e stlejet,
Stlejet dre e dreidigoù da stêr vras ar Faoued,
Stlejet dre e dreidigoù da stêr vras ar Faoued,
Hag i degouezhet d'an dour, 'kreiz o deus en taolet

                              *

Maoris kozh hag e hini a ouele gant glac'har
O kas kaout ho mab Loezig, 'lec'h bennak war an douar
— Tavit, Moris Rozaoulet, tavit, na ouelit ket,
'Benn ur pennadig amzer, ho mab a vo kavet.

Kement 'vije bet eno 'dije bet kalonad,
O welout Loeiz Rozaoulet war e gein war ar prad,
O welout ar bugel paour maro, e-kreiz ar prad,
Dispaket e vlev melen e-kreiz e zaoulagad.

Kement 'vije bet eno 'dije bet kalonad
O welout ar bugel paour, war e gein, war ar prad.
N'oa eno na tad na mamm na kar na mignon 'bet
Hag a zeuje d'e sevel, 'met person Langoned.

Person Langoned 'lare o ouela gant glac'har :
— Kenavo, va Loezig mat, mont a rez d'an douar;
Pa oan-me ouzh da c'hortoz en iliz Langoned
Te a vo laket bremañ e bered ar Faoued.

290

— Quoi? Quel diable te pique toi, petit défenseur des filles? Ils le saisissent par l'habit, elle s'enfuit. Mais les garçons poursuivent Louis comme autant de loups enragés. — C'est ici, cher petit ami, oui, c'est ici que tu mourras!

— Menez-moi jusqu'au bourg de Skeul, jusqu'à la porte de mon père! Je pardonnerai tout de bon cœur.

— Allons, dis adieu à ta mère, à ta mère et qui tu voudras car jamais plus, de ta vie, un morceau de pain tu ne mangeras au bourg de Skeul.

— Mes amis, s'il faut que je meure, ôtez l'image de la Couronne de Sainte Barbe qui est ici cachée dans la doublure de mes habits. Ensuite et s'il plaît à Dieu, je mourrai.

Quand ils eurent tué petit Louis, ils le traînèrent par les pieds jusqu'à la rivière du Faouët. Arrivés à l'eau, l'y jetèrent.

*

Le vieil homme Maurice et sa femme pleuraient tous deux très tristement en tous lieux cherchant Louis, leur petit-fils.

— Ne pleurez pas, Maurice, ne pleurez pas! Dans peu de temps on retrouvera votre enfant!

Qui aurait été là en aurait eu le cœur navré en découvrant Louis Raoualet couché sur le dos dans le pré. Découvrant le pauvre enfant mort, cheveux blonds épars sur ses yeux.

Qui aurait été là en aurait eu le cœur nâvré en découvrant le pauvre enfant qui gisait là dessus le pré. N'y avait là ni père ni mère. N'y avait parent ni ami qui approchât le relever, mais le recteur de Langonet.

Me ho ped, Langonediz, pa zeufot d'ar Faoued,
It da larout ur Bater war vez Loeiz Rozaoulet,
It da larout ur Bater war vez Loeiz Rozaoulet
En deus kollet e vuhez dre zorn e vignoned.

Mais le recteur de Langonet disant lui aussi en pleurant :

— Adieu, mon bon petit Louis! Tu vas reposer en terre. Je t'attendais au jourd'hui dans l'église de Langonet. Et voilà que tu seras mis en terre dans le cimetière du Faouët!

UR GENTEL VAT

Klevit, Bretoned, me ho ped,
Ar pezh 'zo nevez-erruet,

'Zo erruet da Yann Marc'heg,
'Parrez Nizon, 'tro Nedeleg.

'Troc'hañ mouded, er mintin-se,
Er park nevez e oamp neuze :

— Yann Marc'heg, pelec'h oc'h-hu bet
Pa zegouezhit ken diwezhat?

Pelec'h oc'h-hu bet en noz-mañ
Da evañ sistr dous, e giz-se?

— Tankerru! Bet on en noz-mañ
Lec'h en deus Doue graet mad din-me!

Nag un all a lare dezhañ :
— C'hwi 'zo un tammig mezo, Yann!

— Bout em eus evet ur podad.
Tankerru, hennezh a oa mat,

Evel gwin-ardant ar gwellañ,
Hag en deus graet vad d'am c'halon!

UNE BONNE LEÇON

Écoutez, Bretons, je vous prie, ce qui vient d'arriver alentour de Noël à Yann Marek de la paroisse de Nizon.

Ce matin-là, nous étions à défricher à la houe le champ neuf auprès du manoir.

— Où êtes-vous allé, Yann Marek, que vous arrivez aussi tard? Qu'avez-vous donc fait cette nuit? Boire du cidre nouveau sans doute?

— Feu et flamme! Cette nuit, je l'ai passée où Dieu l'a voulu pour mon bien!

Un autre lui disait : — Yann tu es un peu îvre!

Mais l'autre : — Eh oui, feu et flamme, j'ai bu un pot de cidre, c'est vrai! Il était bon comme le meilleur des vins-de-feu! Ah, qu'il m'a fait du bien au cœur!

Et Loeiz Kam disait à Yann Marek : Tu t'en vas, mon pauvre Yann, eh oui, tu t'en vas à la fleur de l'âge!

Yann Marek pouvait bien lever sa houe, c'était sa tête qui frappait la terre!

Il dit : Pourquoi rester aux champs? Je vais aller manger un morceau de pain.

Et, retournant à sa maison, Yann Marek marmonnait encore :

— L'était bon, le cidre nouveau! Des pots, oui, dix j'en aurais bu!

— 'Maoc'h o vont, 'lare Loeiz Kam,
O vont kuit, Yann baour, yaouank-flamm!

Kaer en devoa sevel e varr
'Stoke e benn gant an douar.

— Petra 'rin ken o chom amañ?
Me 'ya da glask un tamm bara!

Hag e lare 'vont gant an hent,
O vont d'ar gêr etre e zent :

— Ar sistr dous-se a oa ken mat
Ma'm befe evet dek podad.

*

— N'eo ket distro, ho tad er gêr?
— N'eo ket distro, aet da Gemper.

Da Gemper, pe 'trezek Anjer,
A lare 'n devoa c'hoant d'ober.

Peder sizhun 'oa tremenet
N'oa ket c'hoazh er gêr degouezhet,

N'oa ket bet er gêr Yann Marc'heg,
Ken na zeuas deiz Nedeleg.

Deiz Nedeleg, d'an abardaez,
'Teuas d'an ti tud Sant-Vaodez :

— Yec'hed mat deoc'h, tud an ti-mañ,
Lïen 'peus da werzhañ dre 'mañ?

— N'eus tamm mui da werzhañ amañ,
Gwerzhet holl eo bet er bloaz-mañ.

Hag i er-maez eus al loch dall
Hag i d'ar gêr 'n ur ebatal.

— Votre père est-il de retour à la maison?

— Non. N'est point de retour. Il sera allé à Quimper.
A Quimper ou bien à Angers. Il voulait y aller, il disait!

Quatre semaines écoulées et Yann Marek point de retour.

Non, Yann Marek point de retour! arriva le jour de Noël.

Des jeunes gens du village de Saint-Maudez vinrent à la
chaumière :

— Bonne santé, gens du logis! Vendez-vous de la toile
ici?

— Ici, n'y en a plus à vendre. Toute a déjà été vendu.

Alors les jeunes gens sortirent, s'en revinrent en s'amu-
sant.

Arrivés en lisière du bois : — Regarde donc! Les traces
d'un lièvre sur la neige!

— Non pas d'un lièvre! Les traces d'un renard peut-
être...

Les hommes ont suivi les traces. Regarde ici : un vieux
chapeau! Il est blanchi par la gelée. C'est le chapeau de
Yann Marek, je crois.

— Dites-moi, Lauranz, n'est-ce pas là le chapeau de
votre père?

— Le chapeau de mon père? Non vraiment!

Les deux amis au bois revinrent et, cette fois, trouvèrent
des braies. Oui des braies, plus loin au milieu des bois,
déchirées et tachées de sang.

— Oui, ce sont ses braies! C'était bien son chapeau. Et
Loeiz Pilorsi courait, courait devant.

Un vieux corbeau croassait, en haut d'un arbre, au coin
du bois. Loeiz épouvanté s'écrie :

— Mon Dieu, le voilà!

Pendant toute cette nuit-là on alluma un grand feu dans le
bois. Auprès du feu se tenait la pauvre femme de Yann
Marek, qui pleurait là, agenouillée, avec ses enfants autour
d'elle.

Toute la nuit ils le gardèrent. Au lendemain matin arriva
le maire de Nizon.

Pa oant o vont e-barzh ar c'hoad :
— Sell 'ta en erc'h roudoù ur c'had !

— Roudoù ur c'had 'r re-se n'int ket,
Roudoù louarn ne laran ket.

Hag i mont da heul ar roudoù :
— Setu amañ un tok kozh 'tao !

Hag eñ deut gwenn-kann gant ar reo,
Tok Yann Marc'heg, a gredan, eo !

— Na tok ho tad hemañ, Laorañs?
— Tok ma zad ned eo ket, me chañs.

Hag i d'ar c'hoad en-dro o daou
Ken o deus kavet ur bragoù,

Ur bragoù, pelloc'h, 'kreiz ar c'hoad,
Hag eñ roget hag outañ gwad.

— E vragoù 'r re-mañ, hag e dok !
Loeiz Pilorsi 'lamme a-raok.

Hag ur vran gozh o koagat
E beg ur wezenn, 'korn ar c'hoad.

Ha Loeiz da youc'hal spontet-tre :
— Ma Doue ! Amañ, setu-eñ !

*

'Touez an erc'h e oa Yann Marc'heg,
Eñ kouezhet eno war e veg,

E zaou zorn e pleg war e benn,
War e zaoulagad e vlev gwenn.

Debret e gof hag e ziw vronn
Gant ar bleizi, 'rez e galon,

Puis le vieux fossoyeur s'en vint chercher le corps. Avec lui son cheval et un cercueil.

Le fossoyeur porta le corps au cimetière, sans prêtre ni son de cloche.

Sans prêtre ni son de cloche, sans croix non plus, sans eau bénite.

Et il ne se découvrait point, l'homme qui jeta le corps de Yann Marek dans le fond du trou glacé.

Nemet e dal n'en doa damant
Abalamour d'ar vadeziant.

Tan 'oa bet er c'hoad 'pad an noz,
En e gichen e wregig kozh,

War he daoulin oa o ouelañ,
Hag e vugale tro dezhañ.

Bet oant d'e ziwall 'hed an noz...
Ha maer Nizon d'an antronoz,

Hag ar c'hleuzier kozh d'e gerc'hat
Gant ur gazeg hag un arched,

Evit e zegas d'ar vered
Hep son kleier nag ur beleg,

Hep son kleier nag ur beleg
Hag hep kroaz na dour benniget.

Hag en taolas 'barzh an toull yen,
E dok gantañ klok war e benn.

*

Loeiz Gwivarc'h, Loeiz-kamm anvet,
En deus-eñ ar werz-mañ savet,

Savet en deus-eñ ar werz-mañ
Evel kentel da bep-unan.

AR BREUR HAG AR C'HOAR

Mab ar Roue a lavare
En Koadelez pa'z errue :
— De-mat ha joa holl en ti-mañ,
Merc'h ar Roue pelec'h emân?

— 'Medi du-se 'barzh ar gambr wenn
Nag o kribat he blev melen,
'Mañ o kribat he blev melen
Ha 'titirañ al lïen gwenn.

Mab ar Roue 'vel ma klevas
Gant ar viñs d'an nec'h a bignas,
Gant ar viñs d'an nec'h a bignas,
Kerkent d'an traoñ a ziskennas.

— Me n'eo ket honnezh a glaskan,
Merc'h ar Roue, ar verc'h henañ,
Merc'h ar Roue a Goadelez,
'Oa chomet amañ minorez.

— Na mar d-eo honnezh a glaskit,
Fallañ femelenn a gavfet :
Aet eo 'boe'r beure, beure-mat,
'Vit kannañ un nebeud dilhad.

— Ma ouijen-me an hent d'al lenn
Me aproufe ar femelenn

302

LE FRÈRE ET LA SŒUR

Le fils de Le Roi disait bien haut en arrivant à Coadelez :
— Joie à tous en cette maison! Dites : où est la fille Le Roi?

— Là-haut dedans la chambre blanche. Elle peigne ses cheveux blonds et détire le linge blanc.

Le fils de Le Roi, à ces mots, grimpa l'escalier tournant, grimpa l'escalier tournant, mais sitôt il redescendit.

— N'est pas là celle que je cherche. Je veux la fille aînée de Le Roi, la fille aînée, de Coadelez, mineure! demeurée ici!

— Si c'est bien cette fille que vous recherchez, vous n'en pourrez trouver de pire. Ce matin de bonne heure elle est allée au doué. Au doué, laver un peu de linge.

— Si je savais le chemin de l'étang j'irais éprouver la femelle!

— Suivez l'avenue tout au long. Dans un bois vous vous trouverez.
Et dans ce bois, quand vous serez, bruit de battoir vous entendrez. Bruit de battoir vous entendrez de la fille lavant son linge.

— Bonjour, jeune fille à l'étang! Vous lavez blanc et tordez roide! Vous lavez blanc et tordez roide! Laveriez-vous ma chemisette?

— It gant an alez, hed-ha-hed,
E-barzh ar c'hoad en em gavfet,

Ha pa vefot erru er c'hoad,
C'hwi a glevo trouz ar pezh-koad,
C'hwi a glevo trouz ar pezh-koad,
Ganti o skeiñ war he dilhad.

— De-mat, plac'hig diwar al lenn,
C'hwi a gann gwenn hag a wask stenn,
C'hwi a gann gwenn hag a wask stenn,
C'hui 'soavonfe din ma brondenn?

— Ne gannan gwenn, ne waskan stenn,
Ne soavonin ket deoc'h ho prondenn.
— Sellit-hu ouzh ma mantell du
A zo alaouret en daou du!

— Ne ran van eus ho mantell du
Mui na ran eus ur bod brulu!
— Sellit ouzh ma inkane gwenn
'Zo ur brid-arc'hant en e benn!

— Ne ran van eus hoc'h inkane gwenn,
Kennebeut 'ran eus e berc'henn!
— Deut-hu ganin-me 'barzh ar c'hoad,
Hag e c'honezfot ur gopr mat!

— 'Vidon da vezañ kannerez,
Ma zad a zo en e balez,
Me 'm eus ur breurig en pell-vro,
Hennezh ma klevfe ho komzoù;

Me 'm eus ur breurig en pell-vro,
Aotroù, ma klevfe ho komzoù,
Ho tiframmfe a bezhiadoù
Da lakaat war ar c'hroazhentoù.

— Me eo ho preurig a bell-vro
'Zo deut amañ 'vit hoc'h aprou;

— Ne lave blanc ni ne tord roide, ni laverai la chemisette.

— Voyez, voyez mon manteau rouge, manteau doré des deux côtés.

— Je ne fais cas du manteau rouge plus que de fleur de digitale.

— Voyez donc ma haquenée blanche, tête ornée de bride d'argent.

— Je ne fais cas de cheval blanc plus que je ne fais cas de son maître.

— Venez avec moi dans le bois! Vous aurez bonne récompense!

— Fille je suis lavandière, mais mon père habite un palais. J'ai un frère que j'aime en pays lointain, Monsieur,
Et s'il entendait vos paroles il saurait bien vous mettre en pièces dispersées en tous carrefours.

— Je suis votre frère chéri venu ici vous éprouver. Votre marâtre m'avait dit que vous étiez fille perdue, grâce au ciel vous ne l'êtes point! »

Dur eût été le cœur de qui n'eût pleuré se trouvant au bord de l'étang En voyant le frère et la sœur qui s'embrassaient en leur bonheur.

Ho lezvamm din he doa laret
Ez oac'h ur plac'h fall, ha n'oc'h ket!

Kriz 'vije 'r galon na ouelje
E-tal al lenn neb a vije
O welout ar breur hag ar c'hoar
O'n em vriata gant glac'har!

LE CARNAVAL DE ROSPORDEN

Les fêtes du Carnaval étaient prohibées dès le Ve siècle. Le concile de Tours punit de peines très sévères, que les divers statuts synodaux de l'Église de Bretagne ont fait revivre, ceux qui prennent part à ses orgies. Les prédicateurs bretons citent, pour en détourner, mille faits épouvantables. Ils racontent qu'un jeune homme ne put parvenir à arracher son masque, et qu'il le porta toute sa vie collé sur son visage; qu'un autre ne put se dépouiller d'une peau de taureau dont il s'était revêtu, fut changé en bête, et revenait la nuit rôder et mugir autour de sa demeure; qu'un troisième fut puni d'une manière plus épouvantable encore. La ballade dont son histoire fait le sujet fut chantée, dit-on, pour la première fois, par un moine qui arrivait de Rosporden, et prêchait un soir dans le cathédrale de Quimper. Il venait de tonner contre les plaisirs du carnaval avec une telle véhémence, et s'était exalté à un tel point qu'il était retombé dans son fauteuil, la tête dans les deux mains, épuisé de lassitude. Tout à coup il se dresse de toute sa hauteur; les lumières s'éteignent comme d'elles-mêmes; la petite lampe du sanctuaire reste seule allumée. La foule, un moment immobile, lève les yeux vers lui, et, au milieu des ténèbres et du silence général, il chante ce qu'on va lire :

H.V.

ENED ROSPORDEN

D'ar seizhvet deiz war-n-ugent dimeus a viz c'hwevrer
Eus ar bloaz mil pevar c'hant pevar ugent ha c'hwec'h,
En devezhioù Meurlarjez, e Kêr a Rosporden,
'Zo c'hoarvezet ur reuz bras! Selaouit, kristenien!

Tri den yaouank dirollet 'oa 'n un ostaleri
Ha gant gwin 'leizh ar podoù 'oa o gwad o viriñ.
U vezañ evet a-walc'h hag o c'hofoù karget :
— Gwiskomp 'ta krec'hin loened ha deomp-ni da redek!

An trede paotr anezho, ar paotr an disterañ,
O welout e vignoned o lezel anezhañ,
'Yeas raktal d'ar garnel da lakaat war e benn
Relegoù ur penn maro. Euzhus 'oa da welet!

E toulloù an daoulagad e lakas daou c'houloù,
Hag e lamme 'vel un diaoul e-kreiz 'tre ar ruioù.
Ar vugale a dec'he en ur spont bras razañ,
Hag an dud reizh o-unan a rede dirazañ.

Ober a rejont o zro hep dont d'en em gavout
Ken na c'hoarvezas d'o zri en ur c'horn degouezhout.
Hag i da youc'hal, lampat, ha godisal o zri!
— Aotrou Doue, pelec'h out? Deus ganimp da c'hoari!

Doue, skuizh ouzh o gwelout, 'skoas un taol ponner
Ken e roas ur grenadenn d'an holl diez e Kêr,

LE CARNAVAL DE ROSPORDEN

Écoutez, chrétiens, le vingt-septième jour du mois de février de l'an mille quatre cent vingt six, durant le temps des jours Gras est arrivé un grand malheur. Un grand malheur est arrivé dans la ville de Rosporden.

En une auberge de cette ville buvaient à pleins pots trois jeunes débauchés. Le vin faisait bouillir leur sang. Quand ils eurent bu et mangé tant plus qu'assez, tous trois se dirent : — Habillons-nous de peaux de bête et allons courir par la ville !

L'un des garçons, moins fort des trois, voyant les amis s'éloigner, droit au cimetière il s'en fut. Du crâne d'un mort se coiffa. Horrible à voir !

Dans les trous des deux yeux, le gâs mit deux lumières et comme un diable il s'élança. Les enfants fuyaient en effroi. Dès qu'ils l'apercevaient, en hâte s'écartaient les hommes raisonnables.

Ils avaient fait leur tour sans une fois se rejoindre quand soudain, ils se retrouvèrent en un quartier de cette ville.

Tous trois de hurler, de bondir et de railler tous trois : — Seigneur Dieu, où es-tu ? Descends t'amuser avec nous !

Grand'lassé de les voir tous trois qui le défiaient, Dieu frappa un coup si fort que ce coup fit trembler toutes les maisons de la ville. Et tous les gens se recueillirent dans leur cœur, croyant venue la fin du monde.

Ma tiskennas an holl dud en o c'halon o-unan
En ur grediñ 'oa erru ar fin eus ar bed-mañ.

Distreiñ 'reas ar yaouankañ a-raok mont da gousket
Da zegas ar penn maro en-dro 'barzh ar vered;
Hag eñ da vont d'e bediñ, 'n ur dreiñ e gein dezhañ :
— Deus 'ta d'am zi, Penn maro! Deus arc'hoazh 'da
                                              [goniañ!

Neuze d'e di da gemer e repoz ez eas,
E sailhas en e wele, 'hed an noz e kouskas.
'Tronoz vintin pa savas, eñ mont da labourat
Hep koun 'bet eus an derc'hent na mui eus an ebat.

Eñ da gregiñ en e forc'h da vont da labourat
O kanañ a-bouez e benn, o kanañ disoñj mat.
Hogen pa oa 'n dud ouzh taol, war-dro eur ar serr-noz,
E klevjont unan bennak a skoe ouzh an nor.

Ar mevel a savas prim da zigeriñ dezhañ,
Met kement 'voe estlammet ma teuas da gouezhañ;
Neuze 'lammas daou zen all raktal 'vit e sevel;
Kement e voent strafuilhet ma oant prest da vervel.

Kerzhout 'rae an Anaon en ti war e zale :
— Setu me deut da goaniañ, da goaniañ ganit-te.
Deomp-ni 'ta, va mignon kaezh, 'mañ ket pell ac'hane,
Deomp 'ta hon daou d'am zaol-me a zo savet em bez.

Ne oa ket e c'her gantañ, siwazh, peurechuet
Pa yudas an den yaouank gant ur spont garv-meurbet;
Ne oa ket e gomz gantañ dezhañ peurlavaret
Pa gouezhas krenn ar paour kaezh war e benn faoutet-
                                              [naet.

Le plus jeune des trois garçons, avant de rentrer se coucher, revint porter la tête de mort au cimetière. Et, s'en allant lui dit en moquerie :

— Viens donc chez moi! Viens-t-en souper à la maison! »

Et chez lui revint le garçon, se mit au lit, dormit profond toute la nuit. Le lendemain il se leva. Le garçon partit au travail, sans plus songer à la veille ni à la fête!

Saisit sa fourche. Sans souci partit en chantant. Mais au soir, vers l'heure où la nuit s'ouvre, comme soupait la maisonnée, on entendit quelqu'un qui frappait à la porte Et sitôt le valet se leva pour ouvrir. Il fut si épouvanté qu'il tomba à la renverse. Deux hommes coururent le relever. Ils furent si effrayés qu'ils moururent à l'instant même.

Lentement s'avançait le mort du cimetière jusqu'au milieu de la salle.

— Me voici venu pour souper, venu pour souper avec toi. Viens donc, ce n'est pas loin d'ici! Ensemble nous irons nous asseoir à ma table. Elle est dressée dedans ma tombe. »

Hélas, il n'avait fini de parler que le garçon, terrifié, jetait un cri épouvantable. Le mort n'avait pas achevé que la tête du malheureux heurtait le sol et s'y brisait.

JENOVEFA RUSTEFAN

Pa oa paotr Yannig gant e zeñved
N'en doa ket soñj da vout beleget.

— Me ne vin ket beleg na manac'h,
Laket em eus va spered 'n ur plac'h.

Pa zeuas e vamm da larout dezhañ :
— Te a zo ur paotr fin, va mab Yann,

Lez al loened-se ha deus d'ar gêr
Evit monet d'ar skol da Gemper,

'Vit mont d'ar skol da vout beleget;
Lavar 'ta kenavo d'ar merc'hed!

*

Bravañ merc'hed a oa er vro-se,
Merc'hed aotrou ar Faou 'oa neuze,

Bravañ merc'hed a save o fenn
'Oa merc'hed ar Faou, war an dachenn.

I a daole sked dreist ar merc'hed
Evel ma ra 'l loar dreist ar stered.

GENEVIÈVE DE RUSTÉFAN

Quand l'enfant Yannick gardait ses moutons, il ne songeait guère à la prêtrise. Et se disait : — Non jamais ne serai ni prêtre, ni moine. C'est aux filles que je pense! »

Mais sa mère, un jour, vint lui dire : — Mon fils Yann, tu es un finaud. Laisse là les bêtes, viens à la maison. A l'école à Quimper tu iras.

Oui, à l'école tu iras étudier pour devenir prêtre. Il faut que tu dises adieu aux jeunes filles. »

*

Les filles du seigneur du Faou étaient renommées les plus belles filles de ce pays. Les plus belles, portant haut la tête en traversant la place, étaient les filles du seigneur.

Elles brillaient près des autres filles comme lune auprès des étoiles.

Les filles du Seigneur montaient haquenée blanche quand elles venaient au pardon de Pont-Aven. Sonnaient la terre et le pavé quand elles venaient au pardon. Portant chacune robe de soie verte et chaînes d'or autour du cou.

La plus jeune fille est aussi la plus belle. On dit qu'elle aime Iann de Kerblez. Elle dît :

— Quatre clercs j'ai eu pour amis. Et tous quatre devenus prêtres. Iann Le Flécher est le dernier. Iann Le Flécher me fend le cœur!

Ha gante pep a inkane gwenn
Da vont d'ar pardon da Bondaven,

Ma krene an douar hag ar vein
Pa'z aent d'ar pardon da Bondaven;

Gante pep a vroz c'hlas a seizenn
Ha karkanioù aour war o c'herc'henn.

Ar yaouankañ, honnezh ar vravañ,
Yannig Kervlez a gar, a glevan.

— Pevar mignon kloareg am eus bet,
Hag o fevar ez int beleget,

Yannig ar Flecher, an diwezhañ,
A laka va c'halon da rannañ.

*

Pa 'oa Yannig o vont d'an urzhioù
'Oa Jenovefa war he zreuzoù,

'Oa Jenovefa war he zreuzoù
Hag hi o wriat dentelezhoù.

Hag o brode gant neudenn arc'hant :
(Da c'holeiñ ur c'halir e vent koant!)

— Yannig ar Flecher, ouzhin sentit,
Da gemer an urzhioù nan it ket,

Da gemer an urzhioù nan it ket
En abeg d'an amzer dremenet.

— Distreiñ d'ar gêr me ne c'hallan ket,
Pe 'vin anvet ar gaouier touet.

— N'hoc'h eus ket 'ta koun eus an holl draoù
A zo bet laret warnomp hon daou?

316

Comme approchait le temps ou Iann allait devenir prêtre, Geneviève de Rustéfan était assise sur le seuil de la porte. Elle brodait de la dentelle, elle brodait avec du fil d'argent ce qui pouvait couvrir un calice à merveille. Elle dit : — Yannick Le Flécher, croyez-moi. N'allez point recevoir les ordres. N'allez point recevoir les ordres à cause de ce qui s'est passé.

— Revenir à la maison je ne pourrais, car on m'appellerait parjure.

— N'avez-vous donc nul souvenir de ce que l'on a dit de nous?

Avez-vous donc perdu l'anneau que je vous ai donné quand nous dansions ensemble.

Je n'ai perdu votre anneau d'or. Dieu me l'a pris.

— Yannick Le Flécher, revenez! Je vous donnerai tous mes biens. Yannick, mon ami, revenez! Où vous irez je vous suivrai, et je chausserai des sabots. Avec vous je travaillerai.

Si vous n'écoutez ma prière, apportez-moi l'Extrême-Onction.

— Hélas, je ne puis vous écouter car je suis enchaîné par Dieu. C'est la main de Dieu qui me tient. Il me faut recevoir les ordres.

*

Lorsqu'il s'en revint de Quimper, Iann Le Flécher repassa par le manoir.

— Bonheur à vous, seigneur de Rustéfan! Et bonheur à vous tous petits et grands! Je suis venu vous prier d'assister à ma première messe.

— Oui, nous irons assister à votre messe. Je serai le premier à déposer l'offrande. Vingt écus j'offrirai et dix écus déposera ma dame, votre marraine. Oui, dix écus elle offrira pour vous faire honneur, seigneur prêtre. »

Comme j'arrivais près de Penn-al-Lenn, me rendant aussi à la messe, je vis une foule de gens courant épou-

317

Kollet hoc'h eus eta ar walenn
'M eus roet deoc'h e-kreiz an abadenn?

— Ho kwalenn aour n'em eus ket kollet,
Doue 'n deus hi diganin tennet.

— Yannig ar Flecher, distroit en-dro,
Ha me 'roio deoc'h va holl vadoù;

Yannig, va mignon, distroit en-dro,
Ha me yelo d'hoc'h heul e pep bro;

Ha me gemero boteier koad
Ha me yel ganeoc'h da labourat;

Ma ne sentit ket ouzh va goulenn
Degasit din-me ar groaz-nouenn.

— Siwazh! Hoc'h heuliañ ne c'hallan ket,
Rak a-berzh Doue on chadennet;

Rak gant dorn Doue ez on dalc'het,
Ha d'an urzhioù eo ret din monet.

                        *

Hag o tont en-dro eus a Gemper
E teuas adarre d'ar maner :

— Eurvad, aotrou maner Rustefan,
Eurvad d'hoc'h holl dud, bras ha bihan,

Eurvad ha joa deoc'h, bihan ha bras,
Muioc'h 'vit ma'z eus ganin, siwazh!

Me 'zo deut d'ho pediñ d'an deiz
Da zonet d'am oferenn nevez :

vantés. Je demandai : — Dites-moi, bonne vieille, la messe est-elle déjà finie?

— Le prêtre a commencé de célébrer la messe mais il n'a pas pu aller jusqu'au bout.

Non, il n'a pu aller jusqu'au bout. Il a pleuré sur Geneviève.

Trois grands livres, je le jure, le prêtre a mouillé de ses larmes. La jeune fille est accourue s'est jetée aux genoux du prêtre.

— Au nom de Dieu, Iann, arrêtez! Vous êtes la cause, cause de ma mort! »

*

Messire Iann le Flécher est devenu recteur, oui maintenant recteur du bourg de Nizon.

Moi, qui ai composé ce chant, bien des fois je l'ai vu pleurer. Oui, bien des fois, près de la tombe de Geneviève

— Ya, d'hoc'h oferenn ni a yelo,
Ar c'hentañ prof er plad me 'lako;

Me a brofo er plad ugent skoed,
Hag ho maeronez, va itron, dek,

Hag ho maeronez a brofo dek
D'ober enor deoc'h, aotrou beleg.

*

Pa oan degouezhet, 'tal Penn al Lenn
O vont me ivez d'an oferenn,

E welis kalz a dud o redek
Hag i en un estlamm bras-meurbet.

— Na c'hwi, gwregig hozh, din lavarit,
Nag an oferenn 'zo echuet?

— An oferenn a zo deraouet,
Met hec'h echuiñ n'en deus gallet,

Hec'h echuiñ n'en deus ket gallet,
Gouelañ da Jenovefa 'n deus graet,

Ha tri levr bras en deus treuzet 'vat
Gant an daeroù eus e zaoulagad,

Ken na zeuas ar plac'h o redek
Da gouezhañ da zaoulin ar beleg :

— En an' Doue! Yann, distroit en-dro,
C'hwi 'zo kiriek, kiriek d'am maro!

*

An aotrou Yann Flecher 'zo person,
Person eo bremañ e bourc'h Nizon.

Ha me am eus savet ar werz-mañ,
'M eus en gwelet meur a wech o ouelañ,

Meur a wech 'm eus en gwelet o ouelañ
Tostik-tost da vez Jenovefa.

LES FLEURS DE MAI

Un poétique et gracieux usage existe sur la limite de la Cornouaille et du Pays de Vannes : on sème de fleurs la couche des jeunes filles qui meurent au mois de mai. Ces prémices du printemps sont regardées comme un présage d'éternel bonheur pour celles qui peuvent en jouir, et il n'est pas une jeune malade dont les vœux ne hâtent le retour de la saison des fleurs, si les fleurs sont près d'éclore, ou l'instant de sa délivrance, si elles doivent bientôt se flétrir.

On chante en Cornouaille une élégie composée sur ce doux et triste sujet par deux sœurs paysannes. Chaque année, au retour du printemps, les amies de celle qui a vécu ce que vivent les roses lui portent de nouvelles guirlandes.

H.V.

BLEUNIOU MAE

Neb a wele Jef war an aod,
Drant he lagad, ruz he diw jod.

Neb a wele Jef er pardon
A zeue joa en e galon.

Neb he gwele war he gwele
Gant truez outi a ouele.

Gant truez ouzh ar plac'hig klañv,
Ken gwenn hag ul lilienn hañv.

Hi 'lare d'he mignonezed
War bank he gwele azezet :

— Mignonezed, mar am c'harit,
En an' Doue, na ouelit ket;

C'hwi 'oar ervat, mervel 'zo ret,
Doue war ar Groaz en deus graet.

*

Pa'z is d'ar feunteun davit dour,
An eostig-noz a gane flour :

— Emañ miz mae o vont e-biou
Gant ar bleunioù war ar c'hleuzioù.

LES FLEURS DE MAI

Qui aurait vu Jèfe sur la grève, les yeux brillants et les joues roses,

Qui aurait vu Jèfe au pardon en aurait eu la joie au cœur. Mais qui l'aurait vue sur son lit eût pleuré en pitié pour elle.

Jèfe, la pauvre malade, aussi pâle qu'un lis d'été. Recommandant à ses compagnes assises sur le banc du lit : « Si vous m'aimez, ô mes compagnes, pour l'amour de Dieu, ne pleurez pas!

Il faut mourir, vous le savez. Dieu lui-même est mort sur la croix. »

*

Comme j'allais à la fontaine, le rossignol de nuit chantait si doucement : « Passe le mois de mai, passent les fleurs des haies. Heureuses sont les filles qui meurent au printemps. La rose tombe de la branche, la jeunesse quitte la vie.

Filles qui mourront avant huit jours d'ici seront jonchées de fleurs nouvelles. Et, du cœur de ces fleurs monteront vers le ciel comme le passe-vole du calice des roses. »

Jéfik, ô Jéfik, savez-vous pas ce qu'a chanté le rossignol : « Passe le mois de mai, passent les fleurs des haies... »

Quand la pauvre fille entendit ces paroles, elle croisa ses mains sur sa poitrine et dit :

Evurus an dud yaouank-se
Hag a varv en amzer nevez!

Evel ar rozenn diouzh ar brank
E tisparti an dud yaouank.

Ar re a ray a-raok eizh deiz
'Vo laket warno bleuñv nevez,

Ma savint diouto d'ar Baradoz
'Vel ar buoc'hig Doue eus ar roz.

*

— Jefig, Jefig, ne ouzoc'h ket
Pezh en deus an eostig laret :

Emañ miz mae o vont e-biou
Gant ar bleunioù war ar c'hleuzioù!

Ar plac'hig 'dal m'he deus klevet,
He daouarn e kroaz 'deus laket :

— Me laro un Ave Maria
'N hoc'h enor, Itron Varia,

Ma plijo gant ho mab Doue
Kavout ivez ouzhin truez

Ma'z in bremaik da c'hortoz
Ar re 'garan er Baradoz.

N'oa ket hec'h Ave echuet,
Stouiñ he fenn hi he deus graet,

Stouiñ he fenn hi he deus graet,
He daoulagad he deus serret.

Neuze 'voe klevet an eostig
O kanañ c'hoazh el liorzhig :

« En votre honneur, madame Marie, un Ave Maria je réciterai, pour qu'il plaise à Dieu, votre fils, d'avoir pitié de moi. Et qu'il m'ouvre le Paradis sans que je doive attendre mes compagnes! »

A peine avait-elle fini de prier que la jeune fille pencha la tête. Jèfe pencha la tête, Jèfe elle ferma les yeux.

A cet instant on entendit le rossignol de nuit qui chantait dans le courtil : « Heureuses sont les filles qui meurent au printemps. Celles qu'on couvre de fleurs nouvelles! »

— Evurus an dud yaouank-se
Hag a varv en amzer nevez!

Evurus an dud youank-se
'Vez laket warno bleuñ nevez.

MARKIZ GWERAND

— Deiz mat ha joa 'barzh ar gêr-mañ,
Pelec'h 'mañ Annaig dre amañ?

— En he gwele 'mañ kousket dous.
Eveshait! Na rit ket trouz!

En he gwele ez eo kousket,
Eveshait! N'he dihunit ket!

Kloareg Garlan 'dal ma klevas,
War-laez gant an diri a bignas,

War-laez ha ker skañv a bignas,
War skaoñ he gwele 'n em lakas :

— Sav alese, Naig Kalvez,
Ra'z aimp hon daou d'al leur nevez.

— D'al leur nevez me ned in ket,
Rak eno 'z eus un den displed,

Gwashañ denjentil 'zo er bed,
Hag eñ atav 'kas va c'haouet.

— Na pa ve kant aotrou eno,
N'az pezo droug ebet ganto,

LE MARQUIS DE GUÉRAND

— Bonjour et joie en cette maison! Où est Annaïk par ici?

— Annaïk est couchée et dort d'un doux sommeil. Prenez garde! Point de bruit!

Doucement repose Annaïk. Prenez garde de l'éveiller!

Sitôt le clerc de Garlan grimpe l'escalier
Lestement pour venir s'asseoir sur le banc du lit de la jeune fille.

— Lève-toi, Annaïk Calvez! Ensemble allons à l'Aire Neuve

— A l'Aire Neuve je n'irai : se trouve là un méchant homme,

Le pire gentilhomme au monde qui, en tous lieux me poursuit!

— Quand ils seraient cent gentilhommes ils ne te feraient aucun mal.

Nous irons donc à l'Aire Neuve et nous danserons tout comme eux! »

Annaïk a mis sa robe de laine et elle a suivi son ami.

Na pa ve kant aotrou eno
D'al leur nevez ni a yelo!

Ni a yelo d'al leur nevez,
Ha ni 'zañso kenkoulz hag i.

He brozig gloan he deus laket,
Ha da heul he mignon eo aet.

*

Markiz Gwerand a c'houlenne
Gant an ostiz, un deiz a voe :

— Ostiz, ostiz, din lavarit,
N'hoc'h eus ket ar c'hloareg gwelet?

— Aotroù Markiz, digarezit,
Ne c'houzon piw a c'houlennit.

— Ho tigareziñ, me ne ran,
Kloareg Garlan a c'houlennan!

— Aet eo du-se evit an deiz,
Ur plac'hig koant ouzh e gostez;

Aet int du-se d'al leur nevez,
Koant ha drant o daou, war va feiz!

Gantañ d'e dok ur bluenn baün,
Hag en e gerc'henn ur chadenn,

Hag en e gerc'henn ur chadenn
A-hed e vruched o tiskenn.

Ganti ur c'horkennig brodet
Hag ur voulouzenn arc'hantet,

Ganti he c'horkennig eured,
Dimezet ez int, me a gred.

Le marquis de Guérand demandait à l'hôtelier, ce même jour :

— Hôtelier, hôtelier, dites-moi, n'avez-vous pas vu le clerc?

— Seigneur marquis, excusez-moi, qui vous demandez je ne sais.

— Point question de jouer l'ignorant! Le clerc de Garlan je demande.

— Le clerc de Garlan est allé là-bas passer la journée, jeunesse gentille à son bras

Là-bas à l'Aire Neuve ils sont allés. Un beau couple, et joyeux, ma foi!

La plume de paon au chapeau, une chaîne d'or à son cou.

Oui, à son cou la chaîne d'or sur la poitrine.

Elle porte un corselet brodé avec velours brodé d'argent

C'est un beau corselet de noces. Car ils sont fiancés, je crois.

Furieux, le marquis de Guérand sauta vite sur son cheval rouge.

Oui, sur son cheval il sauta et galopa à l'Aire Neuve.

— Allons, clerc, quitte vite ton pourpoint, que nous luttions ensemble!

Allons, clerc, quitte ton pourpoint que nous luttions à crocs-en-jambes!

*

Markiz Gwerand, fuloret-bras,
Raktal war e varc'h a lampas;

War e varc'h raktal e lampas,
Ha d'al leur nevez ez eas.

— Kloareg, diwisk da borpantoù
Evit gouren war ar gouestloù;

Kloareg, diwisk da borpantoù,
Ha ni a ray ur peg pe zaou.

— Sal-ho-kras, Markiz, ne rin ket,
C'hwi 'zo aotrou, me ned on ket;

C'hwi 'zo mab da itron Gwerand
Ha me 'zo mab d'ur ploueziad.

— 'Vit bezañ mab ur ploueziad,
Ar merc'hed koant te oar dibab.

— Aotroù Markiz, digarezit,
N'eo ket me 'm eus he dibabet,

Markiz Gwerand, digarezit,
Gant Doue eo bet roet din.

Annaig Kalvez a grene
Ouzh o c'hlevout o komz 'giz-se :

— Tavit, va mignon, deomp d'ar gêr,
Hemañ a ray dimp poan ha nec'h.

— A-raok, kloareg, lavar din-me,
Na te oar c'hoari ar c'hleze?

— Biskoazh kleze n'em eus douget,
C'hoari 'r pennbazh, ne laran ket!

— Marquis, sauf votre grâce, non je ne lutterai avec vous,
Vous êtes un gentilhomme et moi ne le suis.

Marquis, vous êtes fils de la dame de Guérand, moi simple fils d'un paysan.

— Mais, quoique fils d'un paysan, tu as le choix des jolies filles!

— Seigneur Marquis, excusez-moi, ce n'est pas moi qui l'ai choisie.
Seigneur Marquis excusez-moi, Dieu m'a donné cette fille.

Annaïk Calvez tremblait, les entendant parler ainsi.

— Tais-toi, ami! Allons-nous-en! Cet homme nous fera peine et chagrin.

— Avant de partir, dis-moi clerc : Sais-tu jouer de l'épée?

— D'épée je n'ai jamais porté. Jouer du bâton je ne dis pas!

— En jouerais-tu avec moi? Tu es un terrible, on m'a dit.

— Seigneur Marquis, mon bâton vaudrait-il votre épée nue bien affilée?

Seigneur je ne me battrai pas, car vous saliriez votre épée.

— Si je salis mon épée dans ton sang, je la laverai! »

Annaïk voyant couler le sang de son doux ami le clerc de Garlan,

— Na te c'hoarife ganin-me,
Ur paotr taer a glevan out -te.

— Aotrou denjentil, va fennbazh
'Dalv ket ho kleze lemm ha noazh;

Aotroù denjentil, ne rin ket,
Saotrañ ho kleze a refet.

— Mar bez va c'hleze saotret,
E-barzh da wad e vo gwelc'het.

Naig p'he deus gwelet 'redek
'Redek gwad he mignon kloareg,

Annaig en ur strafuilh bras,
Da vlev ar markiz a sailhas.

Da vlev ar markiz a sailhas
Hag en-dro d'al leur en stlejas.

— Tec'h ac'hann, markiz fall treitour,
Te 'c'h eus lazhet va c'hloareg paour!

*

Naig Kalvez o tont en-dro,
Leun he daoulagad a zaeroù :

— Va mammig-me, mar am c'harit,
Va gwele din-me a refet;

Va gwele din a refet aes,
Rak va c'halon a zo diaes.

— Ho kalon a zo diaezet,
Va merc'h, dre m'hoc'h eus re zañset.

— Va mamm, n'em eus ket re zañset,
Ar markiz fall 'n deus e lazhet!

338

Annaïk, si fort émue, empoigna le marquis

Les cheveux lui a empoigné, l'a traîné autour de l'Aire Neuve.

— Traître marquis, fuis loin d'ici ! Tu as tué mon pauvre clerc ! »

*

Annaïk Calvez s'en revenait à la maison, les yeux plein de larmes.

— Ma bonne mère, si vous m'aimez vous m'apprêterez mon lit,

M'apprêterez mon lit bien doux car mon pauvre cœur est malade.

— Vous avez trop dansé, ma fille et votre cœur est malade.

— Je n'ai point trop dansé, ma mère. Le cruel marquis, le traître marquis de Guérand à tué mon pauvre clerc.

Quand le fossoyeur ira chercher, le corps de mon clerc lui direz :

— Ne couvre point de terre sa fosse ! Dans peu de temps ma fille l'y suivra.

— Puisque nous n'avons dormi dans le même lit, nous dormirons dans le même tombeau.

Puisque nous n'avons été unis en ce monde, nous serons unis devant Dieu ! »

Markiz Gwerand, an den treitour,
En deus lazhet va c'hloareg paour!

C'hwi a lavaro d'ar c'hleuzier
Pa zeuio d'e gerc'hat d'ar gêr :

Na daol tamm douar war e vez,
E-berr va merc'h a yel ivez.

Pa n'omp bet o kousket 'n ur gwele
Ni 'gousko hon daou en ur bez,

Pa n'omp bet euredet er bed,
Dirak Doue 'vimp euredet.

AN EOSTIG

Ar wreg yaouank a Sant Malo
En he fenestr 'skuilhe daeroù :

— Siwazh! siwazh! Me 'zo kollet,
Va eostig paour a zo lazhet!

*

— Lavarit din, va gwreg nevez,
Perak 'ta 'savit ken lïes,

Ken lïes diouzh va c'hostez-me,
E-kreiz an noz, eus ho kwele,

Diskabell-kaer ha diarc'hen,
Perak 'ta savit evel-henn?

— Mar savan, den ker, evel-se,
E-kreiz an noz, eus va gwele,

Eo dre ma plij ganin gwelet
Al listri o vont ha tonet.

— N'eo ket avat, evit ul lestr,
Ez it ken lïes d'ar prenestr,

Ned eo ket evit al listri,
Nag evit daou nag evit tri,

LE ROSSIGNOL DE SAINT-MALO

La jeune épouse de Saint-Malo pleurait hier, là-haut à sa
fenêtre.

« Hélas, hélas, je suis perdue mon pauvre rossignol est
mort! »

*

— Dites-moi, ma jeune épousée, pourquoi si souvent
vous lever?

Oui, si souvent d'auprès de moi, si souvent au cœur de
nuit,

Nu-tête, nu-pieds? Pourquoi si souvent vous lever?

— Mon cher époux, si je me lève au cœur de nuit,

C'est, savez-vous, que j'aime à voir les mouvements des
grands vaisseaux.

— Non, ce n'est pas pour un vaisseau, ni pour deux, ni
pour trois,

Non, ce n'est point pour les regarder, ni la lune ni les
étoiles.

Non, Madame, dites-le-moi, pourquoi chaque nuit, vous
levez-vous ainsi?

— C'est pour regarder mon petit enfant qui sommeille
dans son berceau.

— Non, ce n'est pas pour regarder l'enfant dormant
dans son berceau!

Ce ne sont point des contes qu'il me faut! Pourquoi vous
levez-vous ainsi?

Ned eo ket evit o gwelet,
Na kennebeut loar pe stered.

Va itron, din-me lavarit
Da berak bemnoz e savit!

— Sevel a ran evit sellet
Ouzh va bugel en e gavell.

— N'eo ket muioc'h evit sellet
Ouzh ur bugel 'zo o kousket,

Ned eo ket gevier a fell din,
Da berak evel-se 'savit?

— Va denig kozh, mar ne daerit,
Me 'laro ar wirionez rik,

Un eostig a glevan bemnoz
El liorzh war ur bodig roz,

Un eostig bemnoz a glevan,
Ken gae e kan, ken dous e kan!

Ken dous e kan, ken kaer, ken flour,
Bemnoz, bemnoz, pa dav ar mor!

*

An aotrou kozh 'dal m'he c'hlevas,
En e galon a lavaras :

— Pe ma'z eo gwir, pe ma n'eo ket,
An eostig a vezo paket!

Antronoz beure pa savas,
Da gaout al liorzhour ez eas :

— Liorzhour mat, sentit ouzhin,
Un dra 'zo a ra glac'har din,

— Mon cher vieil époux, ne vous fâchez pas. Je vous dirai la vérité :

C'est un rossignol que j'entends chanter chaque nuit sur un rosier du jardin.

C'est un rossignol que j'entends chaque nuit, qui chante en telle joie, avec telle douceur!

Oui, chante en telle joie, avec telle douceur, toutes les nuits, toutes les nuits, lorsque la mer s'apaise.

*

Quand le vieux seigneur l'entendit, en lui-même se dit ainsi :

« Qu'elle dise vérité ou mensonge, le rossignol sera pris! »

Dès le lendemain, se levant, alla trouver le jardinier.

« Bon jardinier, écoute-moi. Une chose me donne grand souci!

Dans le jardin clos, il est un rossignol qui ne fait que chanter la nuit,

Qui ne fait que chanter toute la nuit et me réveille.

Si, ce soir, tu as pris l'oiseau, je te donnerai un sou d'or. »

*

Le jardinier qui l'écouta sut bien tendre un petit lacet.

Il prit un rossignol. Il le porta à son seigneur.

Quand le seigneur eut l'oiseau dans sa main, il se mit à rire bien haut.

Et l'étouffa puis le jeta sur la poitrine de la dame.

— Tenez, tenez, ma jeune épouse, le voici votre rossignol!

Pour vous je l'ai capturé. Vous en serez heureuse, ma belle, je suppose!

Er c'harzh ez eus un eostig-noz
Na ra nemet kanañ en noz;

'Hed an noz ne ra 'met kanañ,
Ken ez on dihunet gantañ.

Mar bez paket fenoz ganit
Ur gwenneg aour a roin dit.

*

Al lïorzhour p'en deus klevet,
Ul lasennig en deus stignet,

Hag an eostig en deus paket,
Ha d'e aotrou 'n deus en kaset.

Hag an aotrou, pa'z en dalc'has,
Gwalc'h e galon neuze 'c'hoarzhas,

Hag en mougas, hag en taolas
War barlenn wenn an itron glas :

— Dalit, dalit, va gwreg yaouank,
Setu amañ hoc'h eostig koant,

Me 'm eus en paket evidoc'h,
Me chañs, va dous, e plijo deoc'h!

*

Hec'h amourous 'dal ma klevas
Gant glac'har bras a lavaras :

— Setu va dous ha me tizhet,
Ne c'hellimp mui en em welet

Ouzh sked al loar, er prenester,
Evel ma oamp boazet d'ober.

*

Apprenant la nouvelle, le jeune servant d'amour murmurait en grande tristesse :

« Ma douce et moi, nous voilà pris ! Et nous ne pourrons plus nous voir comme nous en avions coutume... »

AR VINOREZIG

Me oa yaouankik 'vit a oad
Pa varvas ma mamm ha ma zad,

Ha me da vale dre ar bed
Da glask ur re d'am c'hemeret.

Pa oan o vont gant an hent bras
Daoü zen yaouank me a gavas,

Ur plac'h yaouank, 'vel un itron,
Un denjentil, 'giz ur baron;

Ma laras an eil d'egile :
— Kasomp ganimp ar bugel-se,

A-vremañ hi hon dudïo
Ha deut en oad hon servijo.

*

Ma lare ar mestr d'ar vestrez :
— Dimezomp 'r mevel d'ar vatezh.

— Dimezit ho mevel pa garfet,
Ma matezh ne vo ket dimezet;

'Benn ma timezin ma matezh
Me 'rank reiñ dezhi tiegezh;

LA JEUNETTE

J'étais encor bien jeune d'âge quand moururent mes père et mère.

Je me mis à courir le monde, cherchant qui me prendrait chez lui.

Je cheminais sur la grand'route. Deux jeunes gens je rencontrai :

Jeune fille comme une dame, gentilhomme comme un baron. Qui se dirent l'un et l'autre, — Cet enfant, nous l'emmènerons !

Nous amusera maintenant, nous sera utile plus tard...

*

Le maître disait à sa femme : — Marions la servante et le serviteur.

— Mariez-le donc, s'il vous plaît. Non elle ne se mariera pas.

Avant de marier ma servante, d'un ménage elle sera pourvue.

D'un ménage elle sera pourvue. Quatre bœufs, quatre vaches à lait. Deux mesures de grain choisi chez sa mère on ne trouverait.

Me 'rank reiñ dezhi tiegezh;
Pevar ejen, peder buoc'h laezh,

Diw boezellad a bep seurt ed;
E ti he mamm n'o c'havje ket!

*

— Pa'z a ma mestrez d'ar pardon,
Me 'ya ganti evel rezon;

Me 'ya ganti evel rezon
Dre ma'z on plac'hig a feson.

Pa oamp-ni o tremen ar c'hoad,
Ha ni o vont da zisheoliat;

Oc'h azezañ war ar c'hlazenn,
Pozañ he fenn war ma barlenn.

O tont un dra da larout din :
— Kemer da gontell ha lazh-hi!

Te a vo laket en he lec'h
Da vezañ gwreg an tiegezh;

Kuzh anezhi 'touez an delioù,
'Met he botoù hag he loeroù...

*

Ar vinorezig a lare
Er gêr d'he mestr pa'z errue :

— Itron Varia an Dreinded,
Ma mestrez paour a zo lazhet!

Lazhet ez eo ma mestrez vat,
Gant ar Forbaned, 'barzh ar c'hoad!...

Quand ma maîtresse va au pardon, je vais avec elle, comme c'est raison.

Je vais avez elle, comme c'est raison parce que je suis une fille honnête.

Comme nous passions à travers le bois, nous prenions un peu de repos à l'ombre.

Moi je m'assis, servante, sur le gazon. Sur mes genoux maîtresse appuya sa tête.

Quelqu'un vint tout près et me dit : — Prends ton couteau, prends, et tue-la!

Tue-la et bientôt tu prendras sa place et tu seras maîtresse à tenir le ménage.

Cache-la vite parmi les feuilles, mais ni sa chaussure et ses bas.

*

La jeunette disait au maître en arrivant à la maison.

— O Vierge de la Trinité, ma pauvre maîtresse on l'a tuée!

— Ma pauvre maîtresse on l'a tuée! C'était les brigands dans le bois.

Consolez-vous! Ne pleurez pas! Vous servirai comme devant. Comme devant vous servirai mais avec vous ne coucherai.

Non, avec vous ne coucherai, mais je le ferai s'il le faut!

*

Quand fiancés, mariés ils furent. L'heure du coucher arrivée

Une femme entra dans la salle, sept cierges marchant devant elle.

Tavit, mestrig, na ouelit ket,
Me a ray deoc'h-c'hwi 'vel bepred;

Me a ray deoc'h-c'hwi 'vel bepred,
Nemet mont ganeoc'h da gousket,

Nemet mont ganeoc'h da gousket,
Ha monet ivez mar bez ret.

*

Pa oant bet neuze euredet
Ha poent dezhi mont da gousket,

Unan oc'h erruout en ti
Pevar piled-koar dirazi,

Pevar piled-koar dirazi,
Ur c'houlaouenn war bep gouli!

— C'hwi eta hoc'h eus euredet
An hini he deus ma lazhet,

Ma c'huzhet e-touez an delioù,
'Met ma botoù ha ma loeroù!

— Ha petra 'vezo graet outi?
— Klask pevar marc'h d'he diframmiñ!

Klask pevar marc'h d'he diframmiñ,
Goriñ ar forn hag he dêviñ,

Ha pa vo gant an tan dêvet
Gant an avel 'vezo gwentet!

Oui, sept cierges marchant devant, une lumière sur chaque blessure.
— Vraiment avez-vous épousé cette fille qui m'a frap-
pée,
Puis qui m'a cachée sous les feuilles, sauf ma chaussure,
mes bas aussi?

— Que faut-il faire à la punir?
— Faut atteler quatre chevaux, quatre chevaux qui
l'écartèlent.
— Amenez les quatre chevaux! Qu'on chauffe le four!
Qu'on la brûle!
Quand le feu l'aura consumée, ses cendres soient jetées
au vent!

JANED AR WERN

— Teir noz 'zo takenn n'm eus kousket
Ha fenoz arre ne rin ket

Nag o klevout an naer-wiber
O c'hwibanat war lez ar stêr.

Ha ma lare dre he c'hwiban,
N'eus dimezi nemet unan;

'N hini 'zimez da zaou, da dri,
A ya d'an Ifern da leskiñ;

'N hini 'zimez da bemp, da c'hwec'h,
A vez daonet 'vit pep amzer,

'N hini zimez da c'hwec'h, da seizh,
'Vez distag eus Doue a-grenn,

A vez eus Doue distag-krenn
Evel ar brank eus ar wezenn.

*

Janed ar Wern 'zo dimezet,
C'hwec'h gwech dija hi a zo bet,

Hag adarre eo dimezet,
Da choaz dilhad eured eo aet.

JEANNE LE GUERN

Voilà trois nuits que n'ai dormi. Et ne dormirai cette nuit.

J'entendrai encor la vipère sifflant au bord de la rivière,

Et disant par son sifflement qu'une seule fois seulement il est de bonnes fiançailles.

Qui se fiance deux fois, trois fois, sûrement brûle dans l'enfer.

Qui se fiance six fois, sept fois est damné éternellement.

Qui se fiance six fois, sept fois est homme détaché de Dieu.

Est homme détaché de Dieu comme l'est de l'arbre une branche.

*

Jeanne Le Guern est encore fiancée! Est allée choisir sa robe de noces,

Est allée choisir sa robe de noces la plus belle de la boutique.

Comme Jeanne le Guern revenait de Guingamp, Jeanne le Guern rencontra un jeune homme.

Jeanne Le Guern rencontra un jeune homme qui portait au doigt un anneau d'argent.

Lors, rencontrant la jeune fille, le jeune homme lui demanda :

— Jeanne Le Guern, dites-moi, d'où venez-vous? Où allez-vous?

Aet eo da choaz dilhad eured,
Kaerañ er stal a vo kavet.

P'oa o retorn eus Kêr Gwengamp
'Tegouezhas ganti 'n den yaouank,

'Tegouezhas ganti 'n den yaouank,
War e viz ur walenn arc'hant.

An den yaouank a c'houlenne
Ouzh Janedig pa'z he c'have :

— Janed ar Wern, din lavarit,
Pelec'h oc'h bet? Da belec'h it?

— Me 'zo 'retorn eus Kêr Gwengamp,
Ha bet o choaz ma gwiskamant,

Bet o choaz ma dilhad eured,
Kaerañ er stal a ve kavet.

— M'ho pije ac'hanon pedet
Ez afen ivez d'hoc'h eured!

— Ma ned oc'h ket c'hwi bet pedet,
Deut arc'hoazh beure, hag 'vefet...

*

Kement 'plijas d'e faltazi
M'he c'honduas betek he zi,

Betek he zi eo ganti aet
Allaz! Piw oa hi n'ouie ket!

An den yaouank a lavare
En hent dezhi ha dre maz ae :

— Janed, ma vije d'ho reked
Ni 'vije hon daou dimezet.

— Je m'en reviens de Guingamp. J'ai été choisir ma robe de noces.

J'ai été choisir ma robe de noces, la plus belle de la boutique.

— Demoiselle, si vous m'invitez j'irais aussi à votre noce.

— Si n'avez été invité, demain matin vous le serez!

*

Si bien lui plaît la jeune fille qu'il la conduit à sa maison.

Il l'a conduite à sa maison mais elle ne savait qui était le jeune homme qui lui disait en la reconduisant :

— Jeanne Le Guern, s'il vous plaisait, nous serions fiancés ensemble.

— Mais ce n'est pas sur le chemin que doivent se faire les fiançailles!

Mes père et mère sont vivants. Je les écouterai avant de m'engager.

— Je n'ai à demander permission aux miens, père et mère, vivants aussi. »

Plus loin le jeune homme disait, arrivant à un carrefour :

— Jeanne Le Guern, dites, voulez-vous que, tous deux, nous soyions fiancés ensemble?

— Mais ce n'est pas dans les carrefours que doivent se faire les fiançailles!

Mes père et mère vivent encore, ils seront présents au contrat.

— Moi je ne voudrai consentement de mes parents encor vivants. »

*

Le jeune homme souhaitait le bonjour, arrivant chez Jeanne Le Guern.

— Donnez l'escabeau pour m'asseoir! Une serviette pour la sueur,

Une serviette pour la sueur, si je dois ici être le gendre.

Je vous plairai à souhait, vous donnant de l'or, de l'argent.

Vous donnant de l'or, de l'argent, autant de biens que vous voudrez.

— Ned eo ket e-barzh an hentoù
E tle bout graet 'n dimezïoù,

Me 'zo bev ma mamm ha ma zad,
A vo ganin pa rin kontrad.

— Bev eo, 'mezañ, ma re ivez,
Met ne c'houlan ket o c'hoñje!...

An den yaouank a lavare
'Barzh ar c'hroazhent pa'z errue :

— Janed ar Wern, laouen 'vefet
E vezimp hon daou dimezet?

— Ned eo ket 'barzh ar c'hroazhentou
E tle bout graet 'n dimezïoù,

Me 'zo bev ma mamm ha ma zad,
E rankont bezañ er c'hontrad.

— Me a zo bev ivez ma re
Met ne c'houlan ket o c'hoñje.

*

An den yaouank a zematae
'Ti Janed ar Wern p'errue :

— Roit din skabell d'azezañ,
Serviedenn d'am dic'hwezañ,

Serviedenn d'am dic'hwezañ
Mar bezan mab-kaer en ti-mañ.

Me 'blijo sur d'ho santimant
Me 'roio deoc'h aour hag arc'hant,

Me 'roio deoc'h aour hag arc'hant
Ha madoù ar pezh ho po c'hoant,

Oui, à souhait, oui je vous plairai, avec tant d'or et tant d'argent.

— Vous seriez assez à mon gré si vos yeux avaient des blancs.

Mais vos yeux n'ont pas de blancs, et vos pieds sont pieds de chevaux.

*

Voyant devant lui le jeune homme, Monsieur le curé demanda :

— Que cherches-tu ainsi autour de ma maison? Je ne vais jamais rôder vers la tienne.

— Je suis d'un pays bien au loin d'ici, mon nom est Fils de Lucifer.

Alors le curé demandait, demandait à Jeanne Le Guern :

— Jeanne Le Guern, dites-moi, quel péché avez-vous nié?

— Aucun péché je n'ai nié, sept fois j'ai été fiancée.

J'ai été fiancée sept fois sans jamais tenir ma parole. Et sans jamais passer contrat. Cette fois, il faudra le faire.

*

Quand Jeanne entre dans l'église, comme fleur de lys elle est belle.

Quand Jeanne monte vers l'autel, devient noire comme Lucifer!

*

— Le banquet était assez beau, mais la mariée a disparu!

Et la vipère qui sifflait disait aux sonneurs de la noce :

— Voulez-vous voir Jeanne Le Guern? Venez jusqu'au fond de l'Enfer!

Arrivant au fond de l'enfer, la vipère, à Jeanne Le Guern :

Me blijo deoc'h ha d'ho spered,
Arc'hant ho po pezh a garfet.

— C'hwi a vije a-walc'h d'am grad
M'ho pije gwennoù-daoulagad;

Gwennoù-daoulagad n'hoc'h eus ket,
Hag ho treid 'zo 'vel treid kezeg!

*

'N aotrou Person a c'houlenne
Ouzh an den yaouank, p'en gwele :

— Petra 'glaskez war-dro ma zi,
Me ned an morse d'az hini.

— Me a zo a ziabellvro,
Ma breudeur all 'zo eveldon;

Me a zo a ziabellvro,
Mab Lusifer eo ma ano!

'N aotrou Person a c'houlenne
Ouzh Janedig ar Wern neuze :

— Janed ar Wern, din lavarit
Peseurt pec'hed hoc'h eus nac'het.

— N'em eus nac'het pec'hed ebet
Met seiz dimezi am eus graet;

Me am eus graet seizh dimezi
Heb ober kontrad ouzh hini,

Hep ober kontrad ouzh hini,
Met er wech-mañ, siwazh! e rin!

— Que donnerez-vous aux sonneurs Jeanne Le Guern, dites-moi?

— Hélas, que puis-je leur donner? Mon anneau et mon chapelet.

Mon anneau et mon chapelet pour les porter à mon époux. Pour les porter à mon époux : premier auquel je me promis.

De son anneau, du chapelet, sitôt qu'elle s'est dessaisie, la fille a poussé un grand cri. Elle est tombée au fond du puits

De l'Enfer, en disant : — Hélas, les peines de l'enfer sont grandes!

*

Pa'z antre Janed en Iliz
Ez eo ken kaer ha flourdiliz;

Pa'z a d'an nec'h ouzh an aoter
Ez a ken du ha Lusifer...

*

— Ur banked kaer a-walc'h 'zo bet,
Met ar wreg eured 'zo kollet!

An naer-wiber a lavare
Da sonerien 'n eured neuze :

— Ar wreg eured a zo kollet,
Ha c'hoant 've ganeoc'h d'he gwelet;

Evit gwelout Janed ar Wern
Deut ganin da foñs an Ifern.

An naer-wiber a lavare
Da Janed ar Wern a-neuze :

— Setu sonerien hoc'h eured
A zo deut amañ d'ho kwelet.

D'ho sonerien petra 'rofet
Janed ar Wern, din lavarit?

— Petra dezho a ve roet,
Met ma gwalenn, ma chapeled;

Ma gwalenn ha ma chapeled,
Evit kas d'ar gêr d'am fried,

Evit kas d'ar gêr d'am fried,
D'ar c'hentañ am boa prometet!

Eus he gwalenn, he chapeled,
Kerkent ha ma'z eo diskroget

Ur griadenn he deus laosket,
E puñs an Ifern eo kouezhet,

En ur larout : A! Yaou! Allaz!
Poanioù an Ifern a zo bras!

AR GERNEZ

Spered santel, Spered lijer,
Roit din galloud ha sklaerder
Evit sevel ur werz nevez
Ur werz war sujed ar gernez.

*

Ar paour a erruas en ti
Da c'houlenn, en ano Doue,
Un tamm boued d'en em ziboaniañ,
Un tammig bara, 'vit bevañ.

Ma laras ar gwaz d'e bried,
Gant an druez ouzh en gwelet :
— Un druez vras am eus outañ,
Roit un dra bennak dezhañ!

— Petra 'dalv dit kaout madoù mat,
Ni goude-se 'raio chervad?
D'ar re baour da chom 'n o c'hanton!
Te 'varvo en truilhoù, 'm eus aon!

— Te oar ervat eo ker an ed,
Ha gonidigezh nen eus ket,
Devezh ar paour ned eo netra,
Ken ker eo 'n ed da gaout bara!

LA FAMINE

Esprit Saint, ô Esprit léger, donnez-moi pouvoir et lumière pour composer un chant nouveau, un chant nouveau sur la famine!

*

Le pauvre arriva dans cette maison. Il demandait au nom de Dieu, un morceau de pain, qu'il puisse manger. Un petit morceau pour ne pas mourir.

Lors le mari dit à sa femme, voyant arriver ce pauvre homme : — A le voir j'ai grande pitié, vous lui donnerez à manger!

— A quoi donc te sert d'avoir du bien? Régaleras-tu tout le monde? Que les pauvres restent où ils sont! Donne et tu mourras en guenilles.

— Le blé est cher, tu le sais bien. De travail on n'en trouve point. Journée de pauvre, ce n'est rien. Le blé est cher donnant le pain.

— J'ai dix-huit mesures de blé qui n'est pas pour les fainéants. Si c'est ici moi qui commande, du diable si cette homme a du pain!

— Me 'm eus tri c'hant bigodad-ed
N'int ket da reiñ d'ar gailhoched;
Mar d-eo me a gomand amañ
Foeltr tamm ne vo roet dezhañ!

Ar gwaz, souezhet ouzh he c'hlevet,
En deus a nevez lavaret :
— Roit d'ar paour tamm da vevañ,
Un druez vras am eus outañ!

— Mar d-eo me a gomand amañ,
Foeltr tamm ne vo roet dezhañ!
Ar paour neuze 'fat e galon,
Hag a varv aze gant an naon.

*

Ar gwaz 'zo aet da labourat,
Kredit, en doa gwall-galonad,
O welout marvet ar paour-kaezh,
Bet lazhet gant ar fallakrez.

Met dre ar justis a Zoue
E varv ar wreg kerkent neuze!
Un amezeg a zo redet
D'ar park da larout d'he fried :

— Na faehit ket gant ar c'heloù,
Marv eo ho kwreg war an treuzoù!
— Ma mignon, m'ho trugareka,
Eomp d'ar gêr d'he sebeliañ.

*

Antronoz 'oa 'n interamant,
Ma rankjont 'n em gempenn buan.
Staget 'voe tri loen ouzh ar c'harr
En aviz d'he c'has d'an douar.

Le mari, surpris de l'entendre, a demandé une autre fois : — Donnez un morceau à ce pauvre car de lui j'ai grande pitié!

— Si c'est ici moi qui commande, il n'aura le moindre morceau! « Le pauvre défaille en son cœur, car le pauvre se meurt de faim.

Le mari est parti aux champs, est parti en grande douleur de voir le pauvre homme mourant par faute de la misérable.

Mais, par la justice de Dieu, meurt sa femme subitement. Un voisin a couru aux champs pour en avertir son mari.

— Ne vous fâchez de la nouvelle : votre femme est morte sur le seuil. Mon ami, je vous remercie. Ensemble allons l'ensevelir!

*

Enterrement le lendemain, les hommes s'apprêtent bien vite et l'on attelle trois chevaux qui porteront la femme en terre.

Les chevaux tiraient au plus fort. Impossible bouger le corps! Six bons chevaux ils attelèrent sans nul effet sur la charrette.

Puis sept chevaux ils attelèrent. La charrette ne bougeait pas. Alors arrivèrent les prêtres. Ils dirent tous qu'il fallait voir.

On fit ouvrir le cercueil et dedans on ne trouva rien! Non dedans on ne trouva rien! Sauf un barbet noir et un chat.

Il y eut un coup de tonnerre. La charrette trembla puis elle fut réduite en cendres. Les gens, les chevaux n'eurent aucun mal.

Kaer o doa sachañ o gwellañ,
Ne oant ket 'vit he diblasañ.
E-lec'h tri, c'hwec'h a zo staget,
Hag ar c'harr ne ziblase ket.

Staget 'z eus bet seizh a loened
Ha bepred ne ziblase ket!
Ar veleien 'zo erruet
Ma lavarjont oa ret gwelet.

An arched a zo digoret,
Netra ennañ 'zo bet kavet;
N'eus bet kavet netra e-barzh
'Met ur barbed du hag ur c'hazh!

Neuze 'n taol-kurun a zeuas
A-us d'ar c'harr, ken e krenas,
Ken e voe eñ holl-luduet
Hep poan d'an dud na d'ar c'hezeg.

Diskaret e voe ilizoù,
War ar mor bras batimantoù,
Ma c'hoarvezas koll o buhez
D'ar gristenien a oa enne.

Me ho ped kement 'laka ed
Soñjit er pezh hoc'h eus klevet :
N'eo ket Doue a gastize,
Met an Diaoul a skrape hec'h ene!

Tandis que le tonnerre renversait des églises, naufra-
geait des navires sur le grand océan. Ils en ont tous perdu la
vie, les chrétiens voyageant dessus.

Vous tous qui cultivez le blé, je vous prie de bien réflé-
chir : ce n'était Dieu qui punissait, mais le diable empor-
tant son âme.

ITRON VARIA FOLGOAD

— Yec'hed ha joa ganeoc'h, va zad!
— Petra 'rit aze mintin mat?

Gwelc'hiñ toalioù ken gwenn hag erc'h?
Petra 'rit-hu aze, ma merc'h?

— Me 'zo deut d'ho pediñ, va zad,
Da vont evidon d'ar Folgoad,

Ha mont diarc'hen ha war droad,
War ho taoulin, mar gellit pad;

Eno e kavfot ludu graet
Gant ar galon hoc'h eus maget.

— Petra, va merc'h paour, hoc'h eus graet
Pa vïot 'vel-se luduet?

— Ur bugelig 'zo bet lazhet,
Ha din, va zad, eo tamallet.

*

Un deiz, an aotrou Pouligwenn
'Oa o chaseal 'raok e lein :

— Setu amañ ur c'had kignet
Pe ur bugelig bet taget,

372

NOTRE DAME DU FOLGOAT

— Joie et santé à vous, mon père!
— Que faites-vous là si matin?

Pourquoi laver ces nappes plus blanches que neige? Ma fille, que vous faites-vous là?

— Ici, je suis venue pour vous prier, mon père, d'aller en ma place moi au Folgoat

Et d'y aller à pied, pieds nus, sur deux genoux, si pouvez y tenir.

Au Folgoat vous trouverez les cendres, je dis vous trouverez les cendres du cœur que vous avez nourri.

— Ma pauvre fille, qu'avez-vous fait pour ainsi n'être plus que cendres?

— On a tué un petit enfant. C'est moi qu'on accuse, mon père, de l'avoir fait mourir.

*

Un jour, le seigneur du Pouliguen était allé chasser avant dîner. Il dit soudain :

Krouget eo diouzh skourr ar wezenn,
En-dro d'e c'houzoug ar seizenn.

Hag eñ da gaout e itron
O soñjal du en e galon :

— Sellit! Ur bugel paour lazhet!
Piw, 'n an' Doue! 'n deus en ganet?

An itron hep lavarout ger
A yeas d'ar vereuri e-berr :

— Mat ar bed ganeoc'h, mererez?
Dont 'ra ho kanab brav er-maez?

— Va c'hanab brav 'maez ne sav ket :
Mont a ra holl gant ho koulmed.

— Pelec'h eo aet ho merc'hed-c'hwi
Pa ne welan nemedoc'h-c'hwi?

— Diw 'zo er stêr gant an dilhad,
Ha diw all 'zo o paluc'hat;

Ha diw all 'zo o paluc'hat,
Hag an diw all 'zo o kribat;

Mari Fanchonig, va nizez,
Honnezh 'zo n'he gwele diaes;

'N he gwele klañv ez eo chomet,
Eizh pe nao deiz 'zo tremenet.

— Digorit din, va mererez,
Hag e welin va filhorez.

— Va filhorez, din lavarit,
Pelec'h 'mañ 'n droug a c'houzañvit?

— 'Kreiz-tre va c'hof ha va c'halon,
Emañ va droug, va mamm-baeron!

— Voici un lièvre écorché, sinon un petit enfant étranglé!

On l'a pendu à cette branche. Il porte encore au cou le lacet.

Le seigneur vint trouver sa femme. Tristement rêvait en son cœur.

— Voyez : Un pauvre enfant qu'on a tué! Par Dieu, de qui est-il né? »

La dame ne répondit rien mais sitôt partit à la ferme.

— La santé est-elle bonne? Voilà du beau chanvre qui pousse!

— Mon chanvre ne pousse guère. C'est la faute de vos pigeons.

— Je vous vois seule. Où sont vos filles?

— Deux lavent à la rivière. Deux autres préparent le chanvre.

Oui, deux à préparer le chanvre. Les deux dernières à peigner,

Quant à ma nièce Fanchonig elle est malade dans son lit.

Elle est malade dans son lit depuis huit ou neuf jours au moins.

— Ouvrez-moi, fermière, que je visite ma filleule!

Ma filleule, où donc souffrez-vous?

— Marraine, c'est entre mon ventre et mon cœur.

— Levez-vous, oui, levez-vous, ma filleule, et allez vous confesser au Père Fransez.

— Savit, savit, va filhorez,
It d'an Tad Frañsez da gofes;

Kofesait mat ho pec'hed,
Hag eveshait, mar karit.

— Evit pec'herez, me n'on ket,
Eizh deiz 'zo on bet kofesaet.

— Gevier din na lavarit ket,
Ur pec'hed bras hoc'h eus c'hwi graet,

C'hwi 'zo bet 'mintin-mañ d'ar c'hoad,
Ruz eo ho potoù gant ar gwad!

*

— Floc'hig bihan, lavar din-me,
Petra a ya gant ar ru-se?

— Ho mererien a Wigourvez,
Ar c'hrouger hag ho filhorez.

Kriz 'vije neb ha ne ouelje,
War dachenn 'r Folgoad ma vije,

Pa zeue ar plac'h pemzek vloaz
E-kreiz daou archer da grougañ,

Ur wragig kozh paour dirazi
O terc'hel ur goulou dezhi.

Hag hi o vont a lavare :
— Ne oa ket din ar bugel-se!

An itron war lerc'h o c'houlenn
Truez d'he filhorez a-grenn :

— Laoskit ganin va filhorez,
Reiñ a rin deoc'h arc'hant he fouez,

Confessez-lui votre péché. Prenez garde, je vous le dis!

— Pécheresse je ne suis point. Voici huit jours que j'ai été confessée.

— Point de mensonge! Un grand péché avez commis :

Vous êtes allée au bois ce matin! Vos sabots sont rougis de sang!

*

— Petit page dites-moi, qui donc passe dans la rue?

— Passent vos métayers de Guigourvez, le bourreau et votre filleule.

Il eut été dur qui n'eût pas pleuré lorsqu'arriva la jeune fille sur la place du Folgoat,

Lorsqu'arriva la jeune fille de quinze ans, entre deux archers, pour être pendue.

Devant elle, marchait une pauvre vieille portant un cierge.

Tout en allant à son supplice la jeune fille répétait : « Cet enfant-là, cet enfant-là n'était de moi! »

La dame, qui la suivait, implorait instamment la grâce de sa filleule.

— Je vous en prie; rendez-moi ma filleule! Je vous donnerai son pesant d'argent,

Et si cela ne vous suffit, je vous en donnerai le poids de ma haquenée.

Je vous en donnerai le poids de ma haquenée, la jeune fille et moi dessus.

Ha mar ne blij deoc'h kement-se
Me 'roy deoc'h pouez va inkane,

Me 'roy deoc'h pouez va inkane,
Ar plac'h ha me war e c'horre :

— Va filhorez n'ho pezo ket,
Neb a lazhas a vez lazhet!

*

Pa'z ae 'r senesal da leinañ
Ez eas ar c'hrouger d'he c'hrougañ :

A-benn ur pennadig goude,
D'e gavout en-dro e teue :

— Aotrou Senesal, me ho ped,
Mari Fanchonig ne varv ket,

Pa daolan va zroad war he skoaz,
Distreiñ da c'hoarzhin ouzhin 'ra.

— Taolit-hi ha distaolit-hi,
War ar bern-fagod kasit-hi!

— Taolomp-hi ha distaolomp-hi,
Greomp tan ha moged d'he leskiñ.

A-benn ur pennadig goude
'Teuas ar c'hrouger adarre :

— Aotrou Senesal, me ho ped,
Mari Fanchonig ne varv ket;

'Mañ en tan betek he diw vronn,
C'hoarzhin a ra 'leizh he c'halon.

— Pa gredin pezh a lavarit,
Ar c'habon-mañ 'n devo kanet!

— Inutile ! On ne vous rendra point votre filleule. Celle qui a tué, on la tue !

*

Le sénéchal allait dîner. Le bourreau s'en alla la pendre.

Au bout d'un peu de temps, il vint trouver le sénéchal.

— Monsieur le Sénéchal, excusez-moi, Marie Fanchonik ne meurt pas.

Lorsque je lui mets le pied sur l'épaule, elle se détourne et, me regardant, elle rit.

— Bourreau saisissez-vous de cette fille et menez-la au bûcher !

— Oui, saisissons-la, jetons-la au supplice ! Faisons du feu, de la fumée pour la brûler !

Au bout d'un peu de temps s'en revient le bourreau.

— Monsieur le Sénéchal, excusez-moi, Marie Fanchonik ne meurt pas !

Elle est dans le feu jusqu'à la poitrine et elle rit de tout son cœur !

(Ur c'habon rostet war ar plad,
Ha debret nemet e zaou droad!)

Ar senesal 'oa saouzanet,
Ar c'habon en devoa kanet.

— Mari Fanchonig, me ho ped,
Me 'zo fazïet, c'hwi n'oc'h ket;

Me 'zo fazïet, c'hwi n'oc'h ket,
Petra 'zo en tan d'ho miret?

— An Itron Varia Folgoad
'Zo 'skubañ dindan va daou droad,

Ar Werc'hez, mamm ar gristenien,
'Zo 'skubañ en-dro d'am c'herc'henn.

— Ret eo kas prim da Wigourvez
Kas prim da di ar vererez,

Kas prim da di ar vererez
Da c'houzout piw eo 'r bec'herez.

Tremenet 'voent holl dre an tan
Ha da nikun ne reas mann,

Droug ebet da zen ne reas,
Met ar vatezh 'chomas e-barzh.

PENNHEREZ KEROULAZ

Ar bennherez a Geroulaz
He deveze diduell vras
En ur c'hoari diouzh an tablez
Gant bugale an aotronez.

Evit ar bloaz n'he deus ket graet,
Rak he danvez n'en aotre ket :
Emzivadez eo a-berzh tad,
Grad-vat he c'herent a rank kaout.

— Va holl gerent eus tu va zad
N'o deus biskoazh karet va mad,
Nemet c'hoantaet din va maro
Da gaout war va lerc'h va madoù.

*

— Ar bennherez a Geroulaz
He deus hizio plijadur vras
O tougen ur sae satin gwenn
Ha bokedoù aour war he fenn.

Ne d-eo ket botoù lasennet
E plij d'ar bennherez kaouet :
Boteier seiz ha loeroù glas
'Zo diouzh pennherez Keroulaz.

L'HÉRITIÈRE DE KEROULAZ

L'héritière de Kéroulaz avait bien du plaisir à jouer aux échecs avec les enfants des seigneurs.

Cette année, elle n'a point joué. Son état ne lui permettait. Fille orpheline de son père, il faudrait obtenir l'agrément de ses parents.

— Aucun de mes parents paternels ne m'a jamais voulu de bien : tous ont toujours souhaité ma mort pour hériter de ma fortune.

*

— Heureuse est en ce jour l'héritière de Kéroulaz, portant robe de satin blanc et fleurs d'or qui parent sa tête!

Non point souliers à lacets que chaque jour met l'héritière, mais souliers de soie elle porte et des bas bleus comme il convient à la fille de Kéroulaz.

Ainsi disait-on dans la salle quand l'héritière entra en danse. Monsieur le marquis de Mesle était venu avec sa mère, avec sa suite était venu.

— Je voudrais être pigeon bleu, haut sur le toit de Kéroulaz, pour écouter ce qui se trame entre sa mère et la mienne.

Evel-se e gomzed er sal
Pa zeue 'r bennherez er bal;
Rak markiz Melz 'oa erruet
Gant e vamm hag heul bras-meurbet.

— Me 'garje bezañ koulmig c'hlas
War an doenn a Geroulaz,
Evit klevout ar c'homplidi
Etre e vamm ha va hini.

Me a gren gant pezh a welan;
N'eo ket hep soñj int deut amañ
Eus a Gernev, pa'z eus en ti
Ur bennherez da zimeziñ.

Gant e vadoù, e anv brudet,
Ar markiz-se din ne blij ket;
Hogen Kertomas pellik 'zo,
A garan, a garin ato.

Nec'het oa ivez Kertomas
Gant an dud deut da Geroulaz;
Karout a rae ar bennherez
Hag e lavare alies :

— Me garfe bezañ eostig-noz
El liorzh war ur bodig roz;
Pa zeufe da zastum bleunioù
En em welfemp eno hon daou.

Me 'garfe bezañ krakhouad
War al lenn ma walc'h he dilhad
Evit glebiañ va daoulagad
Gant an dour a c'hleb he daou droad.

*

Na Salaün a zegouezhas
Da sadorn noz e Keroulaz,
War e varc'hig du, d'ar maner
Evel ma oa boazet d'ober.

Ce que je vois me fait trembler. Ces gens sont venus de Cornouaille avec un dessein dans le cœur quand il est dans cette maison une héritière à marier.

Avec son bien et son grand nom, ce marquis là ne me plaît pas. Kerthomas est celui que j'aime de longtemps. Je le dis : l'aimerai toujours.

Kerthomaz était en souci voyant tant de gens assemblés, car il aimait l'héritière. Et souvent Kerthomas disait :

— Rossignol de nuit que ne suis-je, sur un rosier dans son jardin! Quand elle viendrait cueillir des fleurs nous nous rencontrerions tous deux.

Ou bien sarcelle sur l'étang où elle vient laver ses robes. Je baignerais mes yeux dans l'eau où la belle baigne ses pieds.

*

Samedi soir, s'en vint Salaün comme souvent à Kéroulaz, montant son petit cheval noir.

L'héritière ouvrit la porte à Salaün heurtant à la cour. Elle sortait donner le pain à un pauvre homme qui passait.

— Dites-moi, petite héritière, où est allée la compagnie?

— Allée mener les chiens à l'eau. Salaün vous les y aiderez.

— Ce n'est pour mener les chiens boire que suis venu à Kéroulaz mais bien pour vous faire la cour. Soyez-moi de meilleur accueil!

*

A madame sa mère, l'héritière disait : — Mère, mon cœur il est brisé depuis qu'est ici le marquis.

War an nor-borzh p'en deus skoet
Ar bennherez 'deus digoret;
Ar bennherez o vont er-maez
Da reiñ un tamm boued d'ur paour-kaezh.

— Pennherezig, din lavarit,
Pelec'h emañ ho tudjentil?
— Aet int da gas ar chas d'an dour,
Salaün, kae prim d'o sikour.

— Ned eo ket evit doura chas
On deut amañ da Geroulaz,
Nemet evit ober al lez...
Ra vïot furoc'h, pennherez.

*

Ar bennherez a lavare
D'he mamm itron, en devezh-se :
— Aboe 'mañ ar markiz amañ
Va c'halon 'zo deut da rannañ.

Va mamm itron, a! me ho ped!
D'ar markiz Melz na'm roit ket;
Va roit kent da Bennarrun,
Pe mar karit, da Salaün.

Va roit kent da Gertomas,
Hennezh en deus ar brasañ gras;
En ti-mañ e teu alies
Hag en lezit d'ober din lez.

— Kertomas, din-me lavarit,
Da Gastellgall ha c'hwi 'zo bet?
— Da Gastellgall ez on-me bet,
Mad, me en tou, n'em eus gwelet!

Mad, me en tou, n'em eus gwelet
Nemet ur c'hozh sal mogedet,
Ha prenestroù hanter-dorret
Ha dorojoù diskogellet.

Ne me donnez pas au marquis, ma mère, je vous en supplie! Mais bien plutôt à Keranrun. A Salaün, si vous préférez.

Ou donnez-moi à Kerthomas. Celui-là est le plus aimable. En ce manoir il vient souvent. Vous le voyez faire sa cour.

— Dites-moi, Kerthomas, à Castelgall êtes-vous allé?

— A Castelgall je suis allé. Ma foi, n'y ai rien vu de bien. Non, je n'y ai rien vu de bien : Une salle laide, enfumée, fenêtres a demi brisées et grandes portes qui chancellent. Une salle laide, enfumée et une vieille aux cheveux gris hachant du foin pour ses chapons, n'ayant d'avoine à leur donner.

— C'est un mensonge, Kerthomas! Je le sais : le marquis est riche. Portes d'argent à son château et fenêtres comme de l'or.

Honorée sera celle-là que le marquis demandera.
— A moi ne fera nul honneur, ma mère. Je ne le demanderai pas.

— Ma fille, changez de pensée! C'est votre bonheur que je veux. Parole donnée, tout est dit. Vous épouserez le marquis!

Ainsi parlait à l'héritière la maîtresse de Kéroulaz. Ainsi parlait par jalousie car elle aimait Kerthomas. Mais l'héritière d'assurer :

— Kerthomas m'avait remis un anneau d'or et un sceau. Je les acceptai cœur joyeux. Et je les rendrai en pleurant.

— Kerthomas, voici votre anneau. Voici le sceau, les chaînes d'or. On ne veut que je vous épouse. Je vous rends ce qui est à vous! »

Dur le cœur qui n'eût pas pleuré à voir la pauvre héritière embrasser la porte en sortant.

Nemet ur c'hozh sal moǧedet,
Enni ur wrac'hig kozh ha louet
O trailhañ foenn d'he c'haboned,
M'he defe kerc'h ne rafe ket.

— Gaou a lavarit, Kertomas,
Ar markiz 'zo pinvidik bras;
E zorojoù 'zo arc'hant gwenn,
E brenestroù 'zo aour melen;

Honnezh a vezo enoret
A vezo gantañ goulennet.
— N'em bezo, mamm, enor ebet,
Nag ivez n'en goulennan ket.

— Va merc'h, ankouait kement-se,
Tra kent ho mad ne glaskan-me;
Roet ar gerioù, 'n dra 'zo graet,
D'ar markiz viot dimezet.

Itron Geroulaz a gomze
Ouzh ar bennherez evel-se
Dre m'he doa erez 'n he c'halon
Ma oa Kertomas he mignon.

— Ur walenn aour hag ur sined
Gant Kertomas oa bet din roet :
O c'hemer 'ris en ur ganañ,
O rentañ 'rin en ur ouelañ.

Dal, Kertomas, da walenn aour,
Da sined, da garkanioù aour,
N'on ket lezet d'az kemeret,
Mirout da draou ne dlean ket.

*

Kriz vije 'r galon na ouelje
E Keroulaz neb a vije,
O welout ar bennherez kaezh
O pokat d'an nor pa'z ae er-maez.

— Adieu, maison de Kéroulaz! Jamais plus vous ne me verrez! Adieu, mes chers voisins. Adieu pour jamais!

Pleuraient les pauvres en la paroisse. L'héritière les consolait :

— Non, pauvres gens, ne pleurez pas! A Castelgall

Tous les jours je ferai l'aumône. Trois fois par semaine, je dis : charité de dix-huit quartiers de froment et d'orge et d'avoine. »

L'entendant qui parlait ainsi, le marquis à sa jeune épouse.

— Vous ne ferez point ces aumônes car tous mes biens n'y suffiraient!

— Sans prendre sur vos biens messire, chaque jour je ferai l'aumône afin recueillir des prières pour nos âmes après notre mort.

*

Deux mois plus tard, à Castelgall, l'héritière demandait :
— Ne trouverai-je un messager porter une lettre à ma mère?

Un jeune page a répondu : — Écrivez quand vous le voudrez. On trouvera des messagers.
L'héritière écrivit la lettre. A un page elle la remit, avec ordre de la porter à sa mère dans la maison de Kéroulaz.

Quand la lettre parvint en mains, la mère de l'héritière s'éjouissait dans la salle avec quelques gentilshommes du pays. Kerthomas était parmi eux.

Quand la mère eut lu cette lettre, elle dit à Kerthomas :

— Vite qu'on selle les chevaux! Courons sitôt à Castel-gall.

— Kenavo, ti bras Keroulaz,
Biken ennoc'h ne rin ur paz;
Kenavo, va amezeien,
Kenavo bremañ da viken.

Peorien ar barrez a ouele,
Ar bennherez o frealze :
— Tavit, peorien, na ouelit ket,
Da Gastellgall deut d'am gwelet.

Me a ray aluzon bemdez;
Ha teir gwech dre bep sizhunvezh,
Triwec'h palefarzh a winizh,
Pe a gerc'h kenkoulz hag a heiz.

Ar Markiz Melz a lavare
D' e wreg nevez pa'z he c'hleve :
— 'Vit kemend-all ne rofot ket,
Rak va madoù ne badfent ket!

— Va Aotrou mat, hep kaout ho re
Me roio aluzon bemdez,
Evit dastum kalz pedennoù
Goude hor marv, d'hon eneoù.

*

Ar bennherez a lavare
E Kastellgall, daou viz goude :
— Ne gavfen ket ur c'hannader
Da zougen d'am mamm ul lizher?

Ur floc'hig yaouank a gomzas
Ouzh an itron pa'z he c'hlevas :
— Skrivit lizheroù, pa garfet,
Kannaderien a vo kavet.

Ul lizher neuze a skrivas,
Ha d'ar floc'h buan he roas,
Gant ar gourc'hemenn d'e gas
Raktal d'he mamm e Keroulaz.

En arrivant à Castelgall, Madame de Kéroulaz demande :

— N'est-il rien de nouveau ici que la porte est ainsi
tendue?
— L'héritière ici venue, ici est morte cette nuit.
— Si l'héritière est morte, c'est moi qui ai tué l'héritière!
Souvent elle m'avait prié : — Ne me donnez pas au
marquis de Mesle mais bien plutôt à Kerthomas. Celui-là
est le plus aimable.
Kerthomas et la malheureuse, frappés par un coup si
cruel, à Dieu se sont consacrés, pour la vie, en un sombre
cloître.

P'erruas al lizher ganti
E oa er sal oc'h ebatiñ
Gant lod tudjentil eus ar vro
Ha Kertomas a oa eno.

P'he devoe al lizher lennet,
Da Gertomas 'deus lavaret :
— Lakit dibrañ kezeg raktal
Ma'z aimp fenoz da Gastellgall.

Itron Geroulaz c'houlenne,
E Kastellgall pa'z errue :
— Petra nevez 'zo en ti-mañ
P'eo stignet ar porzhioù giz-mañ?

— Ar bennherez 'oa deut amañ
A zo maro en nozvezh-mañ.
— Ma'z eo maro ar bennherez,
Me a zo he gwir lazherez!

Meur 'wech he doa din lavaret :
D'ar markiz Melz n'am roit ket;
Va roit kent da Gertomas,
Hennezh en deus ar brasañ gras.

Kertomas hag ar vamm dizeurus
Skoet gant ur marv ken truezus
'Zo en em ouestlet da Zoue
En ur c'hloastr, evit o buhez.

LE GWERZE DE MORICETTE

Le point de départ de cette gwerze est l'assassinat par un sadique, Pierre Guéganig, d'une jeune fille, Moricette Jafredou, un 25 mai 1727, à Melrand, en pays de Vannes.

La gwerze de Moricette a connu bien des formes différentes; très populaire, nous en trouvons des variantes dans tous les coins de la Basse-Bretagne. Les leçons vannetaises s'attachent évidemment à décrire les faits dans leur teneur historique, mais elles sont volontiers prolixes. D'autres s'en éloignent, comme la version que nous présentons et qui a été recueillie par le linguiste breton Émile Ernault à la fin du siècle dernier. Il l'a notée de la bouche de Anna Grot, femme Sité, de Plougonver. Ici les faits sont assez déformés, l'imagination s'est donné libre cours, mais en même temps la brièveté, le tragique de l'expression prend du relief jusqu'à la finale où nous voyons la morte elle-même parler à son père pour le consoler.

GWERZ MORISED

Gouelomp, kristenien, gant glac'har,
Ni kement 'zo war an douar,
En ur soñjal er gwall-dorfed
En parrez Melran c'hoarvezet.

Ar verjerenn a gane gae
'Vont da gerc'hat he saoud d'ar menez :
N'oa ket houmañ he gwech kentañ,
'Soñje ket 've he diwezhañ.

'Barzh ar menez p'eo erruet
Daou zenjentil, 'deus rankontret :
— Daou zenjentil, din o! larit
Petra er menez a glaskit?

Aboe m'eo graet an hent nevez
'Mañ ket an hent dre ar menez.
— Ni 'zo deut d'ho sikour, berjerenn!
Da gas ho saoud 'trezek ar gêr.

— Bennozh Doue, ho trugarekaat,
Eus ho poan, ho polontez vat.
Ezhomm diouzhoc'h me n'em eus ket,
Met ho trugarekaat 'ran bepred.

N'eo ket houmañ ma gwech kentañ,
Marteze ma hini diwezhañ...

LA GWERZE DE MORICETTE

Pleurons, chrétiens, de grand chagrin,
Nous tous qui sommes sur la terre
En pensant à ce grand forfait
Dans la paroisse de Melrand.

La bergère chantait gaiement
Allant chercher ses vaches sur la montagne.
Non, ce n'était pas la première fois.
La dernière fois elle ne pensait.

Quand la bergère est arrivée sur la montagne
Deux beaux gentilshommes elle a rencontré.
— Gentilshommes, dites-moi donc,
Que cherchez-vous sur la montagne?

Depuis qu'est tracée la nouvelle route
Elle ne passe plus dessus la montagne.
— Nous sommes venus vous aider, bergère,
Ramener vos vaches vers la maison.

— Grand merci à vous. Je vous remercie
De votre peine et de votre bonté!
Besoin de vous je n'ai pas, c'est vrai.
Mais moi je vous en remercie de même!

Cette fois n'est pas la première fois,
Ma dernière fois ce sera peut-être.

— Hoc'h hini diwezhañ ne vo ket
Mar grit evel 'vo deoc'h laret.

Teir eur oralaj ez int bet
O klask he zemptiñ d'ar pec'hed,
O klask he zemptiñ d'ar pec'hed.
— Na pa varvfen ne rafen ket.

Gwerc'hez Vari, mamm da Zoue,
Ho pet truez ouzh ma ene.
Neuze 'tennjont dezhi he blev melen
D'he lakat en kroug ouzh ur wezenn.

— Adeo ma saoud ha ma c'hezek,
C'hwi 'ya d'ar gêr, me ned an ket,
C'hwi 'ya d'ar gêr, me ned an ket,
Ma gourc'hemennoù eno 'refet.

*

Tad ar verjerenn a c'houle
Digant e vugale neuze :
— Erru er gêr saoud ha kezeg
Met ar verjerenn n'erru ket!
Debrit ho koan pan eo aozet
Me ya da wel't p'lec'h eo chomet.

Tad ar verjerenn a c'houle
Digant ur wreg eus ar c'hontre :
— Ma gwreg vat, din e lavarfet
Ma berjerenn, n'hoc'h eus ket gwelet?

— Geo! Gwelet em eus ho perjerenn
Du-hont e kroug ouzh ur wezenn.
Hag an tad paour 'vel ma klevas
Teir gwech d'an douar a gouezhas.

Teir gwech d'an douar eo kouezhet
Ar wreg kozh 'deus en gorreet,
Ar wreg kozh he deus en savet
Ha da gichen e verc'h kaset.

— Non, dernière fois ce ne sera point
Si vous faites ici à notre vouloir!

Trois heures d'horloge ils ont été
Cherchant attirer la fille au péché.
Cherchant attirer la fille au péché.
— Même si j'en meurs, ne le commettrai!

Vierge Marie, Mère de Dieu,
Ayez pitié de mon âme!
Lors ils ont tiré sur ses cheveux blonds
Et ils ont pendu la fille à un arbre.

— Adieu mes vaches! Adieu, mes chevaux!
Vous retournez à la maison, moi je n'y retournerai plus!
Vous retournez à la maison, moi je n'y retournerai plus!
Vous ferez là-bas mes salutations!

*

Le père de Moricette la bergère
S'étonnait devant ses enfants :

— Voici qu'arrivent à la maison vaches et chevaux,
   Mais n'arrive point la bergère!
   Le souper est prêt. Soupez donc.
   Je vais voir où elle est restée.

Le père de la bergère demandait
A une femme du pays :
— Brave femme, dites-moi :
Ma bergère n'avez-vous vue?

— Votre bergère je l'ai vue
Là-bas pendue à un arbre.
Quand le pauvre père entendit
Trois fois à terre il défaillit.

Trois fois à terre il défaillit,
La vieille femme l'a relevé.

— Ma zadig kaezh, mar an c'harit
Pa'z on maro, ma interit.
Tavit, ma zad, na ouelit ket
Me 'zo en neñv gant an Aeled.

Tavit, ma zad, na ouelit ket,
Lakit ma bez 'kreiz ar vered,
Ha pozit warnon ur maen-bez
'Vo skrivet warnañ ma buhez.

La vieille femme l'a relevé,
Près de sa fille l'a conduit.

— Pauvre père, si vous m'aimez,
Puisque suis morte enterrez-moi!
Ne pleurez pas! Faites silence!
Je suis au ciel avec les anges.

Ne pleurez pas! Faites silence!
Et mettez ma tombe au milieu
Du cimetière dessous une pierre
Où sera écrite ma vie.

LA DAME DE KER-IZEL

Le meurtre d'Yvona Dreznae, dame de Kêr-Izel, en la paroisse d'Ivias, est un fait historique attesté par les archives judiciaires. Les faits se placent en juin 1663, et la composition de la ballade primitive semble remonter par ses précisions, ses détails et son tragique, à l'époque des événements eux-mêmes.

Cette gwerze a été recueillie récemment et a pu être reconstituée grâce à plusieurs dictées qui heureusement se complètent.

ITRON AR GER-IZEL

Itron ar Gêr-izel a gane gae
'Barzh en Eviaz, ar sul d'abardaez :

— Kanomp, emezi, ha dañsomp,
Me a wel ma Ankoù o tont;

Dañsomp, c'hoariomp, bezomp gae,
Feteiz a kollin ma buhez.

Me 'wel aze ma enebour,
Hag eñ ken glas hag ur penn-pour,

Hag eñ ken glas ha pour pilet
En e c'hodell ur vouc'hal pennet,

En e c'hodell ur vouc'hal pennet,
Feteiz me vo gantañ lazhet.

*

Person Eviaz a lavare
D'Itron ar Gêr-izel neuze :

— Itron, m'hoc'h eus doutañs en se
Chomit er presbitoar feteiz;

Chomit 'vit noz er presbitoar
Ha c'hwi a gousko gant ma c'hoar.

404

LE DAME DE KER-IZEL.

La dame de Ker-Izel chantait gaiement
Dans le bourg d'Ivias, le dimanche au soir :

— Chantons, disait-elle, chantons et dansons!
Je vois s'approcher le spectre de ma mort.
Dansons, jouons et soyons gais!
Ce soir, je perdrai la vie.
Je le vois là, mon adversaire,
Vert comme tête de poireau,
Tête de poireau écrasé,
Dans sa poche hache à grosse tête,
Dans sa poche hache à grosse tête.
C'est lui qui me tuera ce soir! »

*

Le recteur d'Ivias répondait
A la dame de Ker-Izel :
— Madame, si vous pensez ce crime
Restez ce soir au presbytère.
Oui, cette nuit, au presbytère
Vous coucherez avec ma sœur.
— Non, rester ce soir je ne puis
Car le seigneur va revenir.

Le seigneur est allé à la foire à Carhaix
Acheter une vache laitière.
Oui mon mari va revenir

— Nag ober se me n'hallan ket
Rak 'n Aotrou 'zo war erruet,

A zo aet d'ar foar da Garaez
Evit prenañ dimp ur vuoc'h laezh;

Va fried 'zo war erruet,
Mankañ dezhañ ne c'hallan ket.

Katel Derrien, ma mignonez,
D'am c'has d'ar gêr deut c'hoazh ur wech.

Katel Derrien a responte
D'itron ar Gêr-izel neuze :

— Na deomp ket but hent Kergroaz,
Ha lezomp henchoù ar Pan bras.

— Droug ha mad d'an hini 'garo,
Dre hent ar Pan me a yelo.

*

Er Pan bras pa'c'h int erruet
Ar vevelion o deus gwelet,

Mevelion ar Pan 'deus gwelet
Gante pistolennoù karget.

Pa'c'h erruent 'penn al liorzh vras
Hec'h adversour hec'h arretas :

— Itron, ha c'hwi eo a gav mat
Lemel un den diwar e vad?

Lar da *In manus* pa gari,
Erru out er plas ma varvi.

Itron ar Gêr-izel a lare
Da Gatelin Derrien neuze :

Et moi, je ne puis lui manquer.
Catherine Derrien qui êtes mon amie
Vous m'accompagnerez encore à la maison.

Catherine Derrien répondait
A la dame de Ker-Izel :
— Ne prenons pas la route de Kergroaz
Laissons les chemins du Grand Pan
— A quiconque il plaise bien ou mal
J'irai par la route du Gran Pan

*

Au Grand Pan toutes deux
Elles ont trouvé les valets.
Et ont vu les valets du Pan
Portant des pistolets chargés.
Les dames arrivées au bout du grand jardin,
Lors l'adversaire l'arrêta :
— Dame de Ker-Izel, c'est vous qui trouvez bon
D'enlever à un homme tout le bien possédé.
Dis donc ton « In manus » sitôt que tu voudras
Te voici à l'endroit, dame, où tu vas mourir.

Lors dit la Dame de Ker-Izel :
— Catherine Derrien, tournez de côté,
Vous attesterez de ce qu'adviendra. »

Il n'est pas possible, Guillaume Bellec,
Que ce soit vous qui me tuiez.
Attelez plutôt vos chevaux
Et venez à Ker-Izel prendre le blé que vous voudrez.
— Dame de Ker-Izel, à cette heure qu'il est,
Vous dites de belles paroles.
Mais plus tard vous direz que je suis un voleur
— Cher compère, ne me tuez pas
Je vous ferai seigneur où vous ne l'êtes point.
Laissez-moi mon morceau de vie
Je vous ferai tenir cent bonnes livres de rente.
— Cela je ne puis davantage

— Katel Derrien, troit a gostez,
C'hwi a vo testez goude-se !

N'eo ket posub, Aotroù Doue,
Eo c'hwi Lom Beleg am lazhfe !

Stagit ho karr hag ho kezeg,
Ha deut da Gêr-izel davit ed.

— Bremañ, Itron, c'hwi a gaoz kaer,
Goude, 'larfet on-me ul laer.

— Ma c'homper ker, n'am lazhit ket,
Me ho kray aotrou lec'h n'oc'h ket.

Lezit ganin ma zamm buhez,
Me ho kray perc'henn kant skoed leve.

— Nag ober se ne c'hallan ket,
Aotroù ar Pan 'zo ouzh ma sellet;

Aotroù ar Pan 'zo ouzh ma sellet,
Ha gantañ ur fuzuilh karget;

Ha gantân ur fuzuilh karget,
Ha mar mankan, din 'vanko ket.

*

Itron ar Gêr-izel pa glevas
Gant hec'h *In manus* 'gomañsas :

— 'Tre ho taouarn, o ma Doue,
Me lak gant fîziañs ma ene !

In manus tuas, Domine,
Hag ene ma lazher goude.

Neuze 'savas e zorn da grec'h
Hag a skoas a-nerzh e vrec'h;

Le seigneur du Pan me regarde
Le Seigneur du Pan me regarde
Avec son fusil chargé
Oui, avec son fusil chargé.
Dame, si moi je vous manque
Le Seigneur du Pan ne me manquera pas!

*

Quand elle entendit ces paroles
La Dame commença de réciter son « *In manus* »
— Entre vos mains, ô mon Dieu,
Je remets mon âme en confiance.
« *In manus tuas, Domine*
Et ensuite l'âme de qui me tue. »

Alors celui-ci élève bien haut la main
Frapper de toute force de son bras.
A tour de bras il a frappé la Dame.
De coups nombreux il l'a tuée.
Puis, après avoir tué la Dame.
A travers le bois jusqu'en bas l'a traînée
Pour l'enfouir sous un tas de feuilles.
Cruel est le cœur qui ne pleurerait
Le cœur de quiconque aux Plantennou
En voyant les herbes vertes rougir
Du sang de la Dame qui devient froide.

*

Le seigneur de Ker-Izel
Disait à Ruwalan au matin :
— Quoi de nouveau à Ivias
Que c'est le glas noble qui sonne?
Quoi de nouveau à Ivias
Que les cloches sonnent le deuil?
Quelqu'un de noble est-il donc mort?
— Comment, seigneur, ne savez-vous
La dame de Ker-Izel a été tuée.
Oui, seigneur, a été tuée

A-nerzh e vrec'h 'n deus he skoet
Ha gant kalz taolioù he lazhet.

Ha goude m'en doa he lazhet
Dre ar c'hoad ganti e oa aet,

Aet dre ar c'hoad ganti d'an traou
'Vit he flantañ 'n ur bern deliaou.

Kriz 'vije ar galon na ouelje
Er Plantennoù neb a vije

'Welout ar geotoù glas o ruziañ
Gant gwad an Itron o yenañ.

*

Aotroù ar Gêr-izel a lare
E Ruwallan war ar beure :

— Peseurt 'zo nevez en Eviaz
Pa'c'h eo en nobl e son ar glaz,

P'emañ 'r c'hleier o son kañvoù
Ur re bennak nobl 'zo maro?

— Penaos, Aotroù, ne ouzoc'h ket,
Itron ar Gêr-izel 'zo lazhet,

An Itron a zo bet lazhet
Gant ar Pan bras hag e baotred?

— Itron 'r Gêr-izel zo lazhet!
'Kousto sur d'ur re bennaket :

Me a ray d'ar maen uhelañ
Eus ar Pan dont d'an izelañ,

Rak me 'lako en tan hag en gwad
An Aotroù Pan hag e holl vad.

Par le Grand Pan et ses valets.
— La Dame de Ker-Izel tuée!
Il en coûtera, sûr, à quelqu'un!
Je ferai la plus haute pierre
Du Grand Pan descendre au plus bas!
Je mettrai à feu et à sang
Et le seigneur du Pan et tous ses biens!

Cruel le cœur qui ne pleurerait
De qui que ce soit du Grand Pan
A voir tout en feu et en sang :
Le seigneur Pan comme ses biens,
Les chiens hurlant à bout de chaîne,
Les vaches beuglant aux entraves.

Kriz 'vije ar galon na ouelje
'Barzh er Pan bras neb a vije

O welout en tan hag en gwad
An Aotroù Pan hag e holl vad,

Ar chas ouzh o chadenn o harzhal,
Ar saout ouzh o nask o vlejal.

AR VINOREZIG A DRAON AL LANN

Ar vinorezig a draoñ al lann
'Deus glac'har da varo he mamm,

'Medi noz-deiz oc'h estlammiñ,
He c'hofesour 'n deus poan ganti...

*

War vez he mamm en orezon
'Klevas an hanter-noz o son,

'Klevas an hanter-noz o son,
Erru koulz ar brosesïon.

Erru ez int en teir bandenn,
Re zu, ha re c'hriz, ha re wenn.

'N touez ar re zu e wel he mamm,
O Doue, na pebezh estlamm!

'N deiz war-lerc'h da noz 'z a 'darre
War vez he mamm d'bediñ Doue;

Ha war ar bez en orezon
'Klevas an hanter-noz o son,

'Klevas an hanter-noz o son,
Erru koulz ar Brosesïon.

LA FILLE DU BAS DE LA LANDE

La très jeune fille du bas de la lande est désolée : sa mère est morte.

Nuit et jour elle se lamente. Son confesseur est bien en peine.

*

Comme elle priait sur la tombe. Minuit elle entendit sonner. Minuit elle entendit sonner, l'heure de la procession.

En trois groupes marchent les âmes : les noires, les grises et les blanches.

Parmi les noires, la fille voit sa mère. Oh Dieu, grand Dieu, quelle frayeur!

La nuit suivante elle est encore priant Dieu sur la même tombe.

Comme elle priait sur la tombe, minuit elle entendit sonner. Minuit elle entendit sonner, l'heure de la procession.

Les âmes viennent en trois groupes : des noires, des grises et des blanches.

Parmi les grises elle voit sa mère. Si grande n'est plus sa frayeur.

La nuit suivante elle est encore priant Dieu sur la même tombe.

Comme elle priait sur la tombe, minuit elle entendit sonner. Minuit elle entendit sonner, l'heure de la procession.

Erru ez int e teir bandenn,
Re zu, ha re c'hriz, ha re wenn.

'N touez ar re c'hriz e wel he mamm,
N'he doa ket kement a estlamm.

'N deiz war-lerc'h da noz 'z a 'darre
War vez he mamm d' bediñ Doue;

Ha war ar bez en orezon
'Klevas an hanter-noz o son,

'Klevas an hanter-noz o son,
Erru koulz ar Brosesïon.

Erru int en teir bandenn,
Re zu, ha re c'hriz, ha re wenn.

'Touez ar re wenn e wel he mamm,
Neuze n'he doa ken a estlamm.

'N he zavañjer, hi 'zo kroget
E pevar zamm 'deus he laket;

Hag ar vamm he deus lavaret
Ouzh he merc'h p'eo aet d'he c'havet :

— Un taol-mat ez eo bet dit-te
Pa n'em eus da ziframmet ivez,

Te 'greske ma foanioù bemdez
Gant ar glac'har a raes din-me.

Ur bugel ac'h eus bet dalc'het
Em ano ac'h eus en laket,

Hag hennezh en deus va salvet,
Me 'ya bremañ da gaout Doue!

Viennent en trois groupes les âmes. Les noires, les grises et les blanches.

Parmi les blanches était sa mère. La fille la vit sans frayeur.

A enlevé son tablier, déchiré en quatre morceaux.

Lui a parlé ainsi sa mère : — Si tu n'avais été en la grâce de Dieu, ta mère t'aurait mise en pièces, ainsi que moi ton tablier.

Mais tu as tenu un enfant, tenu sur les fonts à l'église et tu lui a sonné mon nom. C'est cet enfant qui m'a sauvé.

KOAJILIN

Illied Rolland, an dreitourez,
He deus lazhet he mab koshañ
D' ober aotrou he yaouankañ.

Illied Rolland a lavare
D'he flac'h a gambr un deiz a voe :

— Lak ar vasin vras war an tan
Evit skaotañ an tourc'h bihan.

— N'oufe bezañ a voc'h lart en ti-mañ
Pa ne vezont er c'hraou o lardañ.

*

Pa yae Illied Rolland d'an nec'h
Ez ae ar gontell ouzh he brec'h,

He mab Bastïen araozi
Da zerc'hel ar goulou dezhi :

— Sko an taol kentañ, me skoy an eil,
Me 'skoy an eil hag an trede
Betek ar maro goude-se.

— Va mamm, ar galon n'em eus ket
Da lazhañ va breur hag eñ kousket,
C'hoarzhin ha gouelañ ouzhin a ra.

418

BOIGELIN

Helliette Rolland, la traîtresse,
Elle a tué son fils aîné
Pour faire seigneur le puiné.

Helliette Rolland disait à sa servante :
— Mets la bassine sur le feu
Échauder le petit verrat
— En cette maison n'y peut avoir cochon gras
Quand il n'en est aucun à l'engrais dans la soue !

*

Quand Helliette Rolland montait à l'étage,
Montait, le couteau sur son bras,
Son fils Sébastien montait devant elle
Son fils Sébastien tenant la chandelle.
— Mon fils frappe le premier coup, moi je frapperai
[le second.
Moi je frapperai le second et le troisième
Jusqu'à ce que mort s'ensuive.
— Ma mère, le cœur je n'ai pas
Pour tuer mon frère quand il dort.
Mon frère me sourit et pleure :
— Ô Sébastien ne me tue pas!
De toi je ferai le seigneur
Puisque seigneur tu ne l'es pas.
Quatre moulins te donnerai, et six manoirs.

— Va breur Bastïen, n'am lazh ket!
Me az kray aotrou pa n'out ket

War beder milin, war seizh maner;
War beder milin, war ur riñvier.

Va mamm Illiedik, n'am lazhit ket,
Me ho kray itron pa n'oc'h ket.

Me ho kray itron war seizh maner,
War beder milin, war ur riñvier :
Me yel va-unan da yaouaer.

— Gra da *In manus* pa gari,
Emaout er plas ma varvi.

— In manus tuas, Domine,
Jezuz, ho pet truez ouzh va ene.

Va c'hasit da vervel d'ar marchosi
Pa n'en deus den truez ouzhin.

Ma welo va marc'h va merzherinti
Pa n'en deus den truez ouzhin

*

Pa ziskenn Illied d'an traou
'Saflike ar gwad en he botoù,

Goude lazhañ he mab koshañ
D'ober aotrou he yaouankañ.

— Pachig bihan, pachig bihan,
Te 'zo dilijant ha buan,

Kae da gerc'hat gwin d'az mestr 'zo klañv,
Mil aon 'm eus n'hallo e dañva.

Quatre moulins sur la rivière.
Ô ma mère, ne me tuez pas!
Je vous ferai la dame que vous n'êtes,
Dame de six manoirs,
Quatre moulins sur la rivière.
Et je me ferai moi-même cadet.
— Dis ton « *In manus* » quand tu le voudras.
En ce lieu tu es là où tu mourras.
— « " *In manus tuas, Domine...* " Jésus ayez pitié
[de mon âme!... »
Et vous, conduisez-moi à l'écurie pour que j'y meure
Quand personne n'a pitié de moi,
Que mon cheval voie mon martyre
Quand personne n'a pitié.

*

Quand Helliette descend de l'étage
Ayant tué son fils aîné
Pour faire seigneur le puiné
Le sang giclait de ses souliers.
— Petit page, ô petit page,
Toi qui es si leste et rapide
Cours chercher du vin pour ton maître qui est malade!
J'ai grand'peur que le pauvre ne puisse y goûter!
Le page a rencontré le seigneur du Doujet :
— Bonjour à toi, petit page!
Où donc cours-tu si vite?
— Je cours chercher du vin pour mon maître malade.
Mais j'ai grand'peur qu'il ne puisse y goûter :
S'il vous plaît, ne dites pas que c'est moi qui le dis,
Voici ce qui est arrivé :
Helliette Rolland, la traîtresse,
Elle a tué son fils aîné
Pour faire seigneur le puiné.
— Cours vite! Va ton chemin,
Moi, je vais là-bas sans tarder!

Pa oa o vont gant an hent bras
Aotroù an Doujed a rankontras :

— Demat dit-te, pachig bihan,
Na pelec'h ez ez ker buan?

— Da gerc'hat gwin d'am mestr 'zo klañv,
Mil aon 'm eus n'hallo e dañva;

Na mar kirit n'am diskuilhot ket,
Me lavaro deoc'h petra 'zo c'hoarvezet :

Illied Rolland, an dreitourez,
He deus lazhet he mab koshañ
D'ober aotrou ar yaouankañ.

— Hast a-fo, kae en da hent,
Me ya bremañ du-se kerkent.

*

— Demat deoc'h ha joa en ti-mañ
An aotrou a Goajilin pelec'h emañ?

— Emañ en e wele kousket,
Mar grit nep trouz en divunfet!

— Fenoz eus an ti-mañ ned in
Hep bezañ gwelet Koajilin.

— An aotrou 'Goajilin ne welfot ket,
Emañ en e arched archedet,
Abaoe an hanter-noz eo tremenet.

— Ha pa goustfe din pemp kant skoed
Me 'lakaio digeriñ an arched,
Lakaat da grougañ mar bez ret.

*

— Bonjour et joie en cette maison!
Où donc est le seigneur de Boigelin?
— Le seigneur est là-haut endormi dans son lit.
Si vous faites du bruit, vous allez l'éveiller!
— Ce soir, je ne sortirai de cette maison
Sans avoir vu ici le seigneur.
— Le seigneur de Boigelin, non, vous ne verrez pas
Le seigneur est encercueillé dans son cercueil
Car trépassé depuis minuit.
— Cinq cent écus il me coûterait
Le cercueil je ferai ouvrir
Et, s'il le faut j'enverrai des gens à pendre!
— Moi, je ne serai pendue à une corde
De l'argent, moi j'en ai pour payer de la soie!
— La corde est assez bonne pour ton cou
Et te lever sur la potence!

— Me ne vin ket krouget gant korden,
Me 'm eus arc'hant da brenañ seizenn.

— Mat a-walc'h eo ar gorden d'az kouzoug
Evit da sevel ouzh ar groug.

YANNIG AR PAOTRIG MAT

Marc'hadourien Paris, marc'hadourien Rouan,
Pa'z efot da Garaez, da foar gala-goañv,
Na n' it ket d'an ti bras a Rohan da lojañ.

Yannig ar Paotrig mat n'en deus ket bet sentet,
D'an ti bras a Rohan da lojañ eo bet aet.

— Larit din, ostizez, ha me a ve lojet,
Hag ur marchosi kaer da lakaat va roñsed?

— Diskennit, marc'hadour, diskennit, deut en ti,
Lakaït ho roñsed e-barzh ar marchosi;

Lakaït ho roñsed e-barzh ar marchosi,
Ez a va mevel bras d'o dourañ a-zevri.

Tostaït, marc'hadour, tostaït 'tal an tan
Da gemer ur banne evit gortoz ho koan;

Pesked eus an dour dous ho pezo da goaniañ,
Pa 'vo erru 'n ozhac'h eus foar gala-goañv.

Matezhig Margodig, na c'hwi hastit buan
D'enaouiñ ar gouloù ha da c'hwezhañ an tan,

D'enaouiñ ar gouloù ha da c'hwezhañ an tan,
Mont d'ober e wele d'ar marc'hadour bihan.

IANNIK BON GARÇON

— Marchands de Paris, marchands de Rouen, lorsque vous irez à Carhaix, à la foire de la Toussaint, n'allez pas loger dans la grande maison de Rohan!

Iannik le Bon-garçon n'a point suivi ce conseil. Et l'est allé loger dans la grande maison.

— Hôtesse, dites-moi, me logerez-vous avec belle écurie à mettre mes chevaux?

— Descendez, marchand, descendez! Entrez dans la maison. Vos chevaux mettez en notre écurie. Vos chevaux mettez en notre écurie. Mon premier valet les abreuvera.

Approchez, marchand, approchez du feu et prenez la goutte avant le souper. Vous y mangerez des poissons d'eau douce, au retour de foire de mon mari.

Vite, Margodik, petite servante, flamme à la chandelle et soufflez le feu. Flamme à la chandelle et soufflez le feu! Préparez le lit du petit marchand.

*

Quand le petit marchand entra dedans la chambre, il tirait des sons clairs de sa flûte d'argent. Il tirait des sons clairs de sa flûte d'argent. Et, ce faisant, réjouissait le cœur de Margodik.

427

P'antree 'r marc'hadour, p'antree en e gambr,
Eñ a c'hwitelle sklaer gant e bifer arc'hant,

Eñ a c'hwitelle sklaer gant e bifer arc'hant,
Hag a laouenae kalon ar plac'h yaouank.

Ha pa'z ae ar vatezh 'vit ober ar gwele,
Yannig ar Paotrig mat ganti a farselle,

Yannig ar Paotrig mat ganti a farselle,
Ar vatezh Margodig outañ huanade :

— Matezhig Margodig, na dın-me lavarit,
Na pa sellit ouzhin, perak 'huanadit?

— Aotroù ar marc'hadour, na din-me lavarit,
Ha c'hwi 'c'h eus promesa gant plac'h yaouank ebet?

— Matezhig Margodig, me n'ho treitourin ket,
Hizio 'z eus teir sizhun e oa deiz va eured.

— Doue d'ho frealzo ha c'hwi hag ho pried,
Rak oc'h amañ er plas lec'h ma vefot lazhet!

Sellit 'dan ho kwele 'welfot ur c'hleze noazh,
'Baoe lazhañ tri all n'eo ket bet gwelc'het c'hoazh;

Aze 'z eus tri c'horf marv o c'hortoz ar mare,
C'hwi Yannig ar Paotr mat 'vezo ar pevare.

— Na ve va inkane ha va dibr alaouret,
Arc'hant em malizenn, ha na vent holl kollet,

Ha me 'r gêr a Rouan gant Mari, va fried,
Matezhig Margodig, ne rafen kaz ebet.

Matezhig Margodig, rekour din va buhez,
Ar choaz eus va breudeur, Margodig, az po-te,

Quand la servante alla préparer le lit du marchand, Iannik le Bon-Garçon badinait avec elle.

Margodik soupirait, regardant le garçon.

— Dites-moi petite servante, quand vous me regardez, pourquoi soupirez-vous?

— Oui, monsieur le marchand, s'il vous plaît dites-moi : avez-vous fait promesse à quelque jeune fille?

— Petite servante pourquoi vous tromper? A trois semaines d'aujourd'hui c'était ce jour-là, le jour de ma noce.

— Que Dieu vous console, vous et votre épouse, vous êtes ici où vous serez tué. Regardez dessous votre lit et vous verrez une épée nue. L'épée a déjà tué trois hommes, elle n'a pas été lavée.

Trois corps attendent d'être enlevés. Vous, Iannik Bon-Garçon, serez le quatrième.

— Ah quand ma haquenée et ma selle dorée seraient perdues, et ma valise pleine d'argent. Si moi j'étais encore à Rouen auprès de Marie, mon épouse. Moi, Iannik, petite servante, je n'en aurais nul souci.

Margodik, sauve-moi la vie! Tu auras le choix entre mes frères! Je dis, Margodik, le choix entre mes frères, garçons très bien bâtis et marchands comme moi.

Alors quand sonna l'heure, quand sonna l'heure de minuit, Margodik la servante ne pouvait plus reposer.

— Petit marchand, lève-toi vite si tu veux sauver ta vie! Tous deux se sont enfuis par la porte du jardin.

Le beau-frère de l'hôtesse les a entendus courir.

Ar choaz eus va breudeur, Margodig, az po-te,
Paotred an terruplañ, marc'hadourien 'veldon-me...

Na pa sone an eur, an eur a hanter-noz,
Ar vatezh Margodig ne c'helle mui repoz :

— Na, marc'hadour bihan, sav eta a'l lec'h-se,
Na mar ac'h eus te c'hoant da rekour da vuhez!

Ha dre zor ar jardin ez int bet achapet,
Breur-kaer an ostizez en deus bet o c'hlevet.

*

Ha pa gane ar c'hog, ar c'hog da c'houloù-deiz
N'he doa an ostizez a repoz 'n he gwele :

— Matezhig Margodig, savit, savit buan
D'enaouiñ ar gouloù ha da c'hwezhañ an tan,

D'enaouiñ ar gouloù ha da c'hwezhañ an tan
'Vit ma lazhfomp hon diw ar marc'hadour bihan!

Breur-kaer an ostizez dezhi a lavare :
— Ho matezh Margodig, 'leal, n'mañ ket aze;

Ho matezh Margodig, 'leal, n'mañ ket aze,
Aet gant ar marc'hadour, war lost e inkane!

— 'Leal, triwec'h marc'hadour am eus me bet lazhet,
Ma'm bije gouvezet 'vije an naontekvet!

*

Neb a welje Margodig war bavezioù Rouan
'N he zreid ur botoù skañv hag ul loeroù stamm-gloañ,

'N he zreid ur botoù skañv hag ul loeroù stamm-gloan,
Hag euredet ganti ur marc'hadour bihan!...

430

Et quand chanta le coq, chantant au point du jour, l'hôtesse se tournait, retournait dans son lit :

— Margodik, petite servante, levez-vous, levez-vous bien vite! Flamme à la chandelle et soufflez le feu! Flamme à la chandelle et soufflez le feu, car nous allons tuer le petit marchand!

Mais le beau-frère de l'hôtesse : — Votre servante Margodik, ma foi, je ne la vois point. Votre servante Margodik, non ma foi je ne la vois point, car elle s'est enfuie avec le marchand la prenant en croupe sur sa haquenée.

— J'ai tué, le jure, dix-huit marchands! Si j'avais su, Iannik aurait fait le dix-neuvième!

*

Plus tard, il fallait voir sur le pavé de Rouen, Margodik en souliers légers et bas de laine.
Oui, portant des souliers légers et bas de laine, Margodik mariée à un petit marchand.

TABLE DES MATIÈRES
ET RÉFÉRENCES

CHANTS MYTHOLOGIQUES
HÉROIQUES ET HISTORIQUES

CHANTS DRAMATIQUES

LA COMPOSITION, L'IMPRESSION ET LE BROCHAGE DE CE LIVRE
ONT ÉTÉ EFFECTUÉS PAR FIRMIN-DIDOT S.A.
POUR LE COMPTE DES ÉDITIONS U.G.E
ACHEVÉ D'IMPRIMER LE 6 JUIN 1977

Imprimé en France
Dépôt légal : 2ᵉ trimestre 1977
Nᵒ d'édition : 971 — Nᵒ d'impression : 0411

Collection 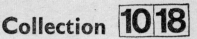 10 18

dirigée par
Christian Bourgois

AUTOMNE 1976

LISTE ALPHABÉTIQUE
DES OUVRAGES DISPONIBLES
AU 31 DÉCEMBRE 1976

---

adotevi	négritude et négrologues 718◆◆◆
amin	l'accumulation à l'échelle mondiale, t. I 1027◆◆◆◆◆◆
	t. II 1028◆◆◆◆◆
anthropologie et calcul	606◆◆◆◆ (15 f ttc)
antimillitarisme et révolution	t. II 1097◆◆◆◆◆◆◆
arguments	t. I 1030◆◆◆◆◆◆
	t. I : la bureaucratie 1024◆◆◆◆◆
	t. II : marxisme, révisionnisme, méta-marxisme 1036◆◆◆◆◆
arnaud	les vies parallèles de boris vian 453 (18 f ttc)
arrabal	l'architecte et l'empereur d'Assyrie 634◆◆◆
arrabal	le cimetière des voitures 735◆◆
arrabal	l'enterrement de la sardine 734◆◆
arrabal	fêtes et rites de la confusion 907◆◆◆
arrabal	guernica 920◆◆◆
arrabal	lettre au général franco (édition bilingue) 703◆◆
arrabal	le panique 768◆◆◆
arrabal	viva la muerte (baal babylone) 439◆◆
l'art de masse n'existe pas	revue d'esthétique 1974 n° 3-4 903◆◆◆◆◆◆
artaud	(cerisy) 804◆◆◆
art et science	de la créativité (cerisy) 697◆◆◆◆
assolant	capitaine corcoran 969◆◆◆◆◆◆
axelos	marx penseur de la technique t. I 840◆◆◆
	t. II 841◆◆◆
bachelard	(cerisy) 877◆◆◆◆
bailly/buin/ sautreau/velter	de la déception pure, manifeste froid 810◆◆◆
basaglia/ basaglia-ongaro	la majorité déviante 1111◆◆◆
bataille	(cerisy) 805◆◆◆